行萬里路 勝讀萬卷書

環遊世界 超讚！

慕凡 著

序 一　　感 恩 之 旅

　　我是搭乘郵輪環遊世界一周，經過1個極光、2大運河、3個氣候帶、4大古國、…9個名海、10大奇景等。訪問了21個國家，停靠24個港口，光是海上航行就走五萬多公里，而陸上行程就更多了。共花費108天，收穫豐富又精彩！

　　名醫許添盛說：我們來地球是：
出差、學習、考察、旅遊兼玩耍。

　　我這趟環遊世界後的心得，想要再添加：
互助、行善、報恩、修身兼養性。

　　羅馬戰神凱撒大帝曾說：
我來了，我看到了，我征服了！

　　我是風神—台語：愛現，就應用說：
我來了，我看到了，我佩服了！

　　猶太人金句說：
如果你行萬里路，而沒讀萬卷書，那你只是個郵差而已。

　　我已用筆電記錄全程日記，該不會是「船過水無痕」吧！

　　我懷著感恩的心：感謝我父母的栽培，我先生和兒女的鼓勵；以及船友們的友愛，和旅行社跟船公司的帶領。

　　書中除能欣賞世界各地3百多張風光美照外，旁白也寫下我觀賞當時的心得、感想、期待、改變或對國人的建議。放在書末的五十篇「慕凡開講」更是針對世界各地著名的人、地、事、物等的專題介紹，也是本書的精華。新書名稱決定為：

　　行萬里路 勝讀萬卷書 環遊世界 超讚！

　　由於行程緊湊，景點也有限，在走馬看花之際，難免有遺珠之憾，還請讀者多多海涵。讀者若有任何詢問或賜教，請寫
E-mail：lin342003@yahoo.com.tw 給我。謝謝！

林琼(瓊)姿，筆名：慕凡 敬上
中華民國108年(西元2019) 5月於台灣

行萬里路　勝讀萬卷書　環遊世界　超讚！

序二　勇敢追夢

這本書耗費我很多腦力、精力和體力才寫好，一來我每天要先做好「家管」的正職工作，剩下可寫作的時間不多；二來遊記中提到相關的人、事、物…等資料，回國寫書時，還須查證一番，以免匆忙中記錄有誤差；因此，才延緩至今出書。

所幸，有人說：

只要你沒看到或聽過的事物，現在才獲悉，都算是新鮮的。

日本名作家渡邊淳一在「失樂園」書中說：

人終究都會老、會死的，所以應該放膽去追求自己的所愛，有夢想就使勁去追吧！

希臘大哲學家蘇格拉底曾說：

所有的快樂和歡笑，都來自奮鬥，尤其是有目標的奮鬥。

對這兩位先賢所說的理念，我深表讚同，並且要努力實踐。最近許多日子，我每天早上五點多就起床，開始打電腦寫書到七點多，其間會暫停一下去做家事，偶而，做早餐在等待火候時，還需把握時間，守在爐旁校稿耶！所以，我每天都把握分秒時光，拼命寫作，努力完成我的理想，還頗有一股傻傻的衝勁呢！

我現在雖然已達人生樂齡時段，但「請看我的活力，不要問我的年紀」；趁我身、心狀況極佳時，趕快把書出版跟讀者見面，這是我繼完成環遊世界壯舉後，目前最大的願望，我是下決心要使命必達的啦！

我最近為了完成此壯志雄心，都很少外出遠遊，因為西藏的達賴喇嘛曾說：「誰都不知道意外是否會比明天早到。」我也有危機意

識；更何況，我已險勝過三次生死關卡的挑戰了；祈願老天爺再疼愛我，讓我能心想事成，則是感恩不盡了！

「不苦不累，人生乏味；不拼不搏，人生白活。」這是我的奮鬥人生觀。

這本書中有幾張照片，是船友侯小姐、簡國棟先生、劉明桂和郭秀英夫婦所提供，讓內容更增添很多光彩；但因旁白字數有限，歉難個別標明，僅能在此獻上最大的感謝恩情。

最後，我借用「紅樓夢」卷頭詞：
滿紙荒唐言，一把辛酸淚；都云作者痴，誰解其中味。

不過，我要把「荒唐」換成「眞心」因他寫的是虛構的「小說」而我寫的是眞實的「報導」只是辛苦歷程頗有異曲同工之妙啦！

總之，我是歡喜做，甘願受；樂在其中，更樂於分享！

林琼(瓊)姿，筆名：慕凡 敬上
中華民國110年(西元2021年) 9月於台灣

【目次】

行萬里路 勝讀萬卷書 環遊世界 超讚！

1 航向追夢的旅程

——日本・西太平洋

民國 107 年「西元 2018 年」九月一日，我們從日本橫濱港出發，開始環遊世界一周的旅程；我要把自己歸零，用全新的肉眼和心眼，仔細觀賞這個世界；並且用筆電寫日記，為珍貴的遊蹤留下紀錄。本照片是我參加出航典禮，雙手握著的是船方製作的旅程海報。

心得：我及時把握天時、地利、人和三要件，有夢想快追去！

2 和平號郵輪風姿

——日本・西太平洋

據說，在南美洲叢林裡有一個部落的人，在他們一生中，會有幾次探險朝聖的旅程；在上路之前，必須燒掉自己財產，離開自己熟悉的環境，向未知的目的地前進；他們這種習俗，是強迫自己面對改變，並且捨棄過去的累積，就像重生一次。我也想去試驗看看。

感想：變化是人生的香料，走出去才能看到美麗新世界。

※ 慕凡開講一．和平號是海上大學 上（請看本書第 161 頁）

行萬里路　勝讀萬卷書　環遊世界　超讚！

3 第99回航線圖

——日本・西太平洋

我們將會訪問21個國家，停靠24個港口。前述這個原住民部落的儀式，很值得現代文明中的人們學習，我們必須離開自己習慣的舒適圈，滿懷清新的自我，謙虛地去探索未知圈的新境界。

期待：我有幸來到地球，總要去玩一趟，看看它是圓的？還是扁的！

※ 慕凡開講二．和平號是海上大學 下（請看本書第 164 頁）

4 船友包含四世代

——日本・西太平洋

橫濱港是日本第二大港。這次旅客從最年長的 93 歲，到最小的 1 歲，老、中、青、幼都有；日本人 9 百多位，台灣人跟中國人各有 100 多位，另外加新、馬、香港人等各有幾十位，總共約 1200 多人。照片中船尾有紅色大煙囪就是我們要搭的郵輪。

期待：所謂陌生人，他只是你還沒認識的新朋友！我要多結交益友。

5 隆重的開航典禮

——日本‧西太平洋

船長 Captain Anders Andersson 先生致詞時說：
歡迎各位貴賓參加，一起踏上世界一周的夢幻旅程。相信來自不同國籍、年齡、文化及價值觀的人，相聚在一起，必有很好的緣份、交流和收穫的。祝福各位一路順風，旅途愉快！

期待：有朋自遠方來，不亦樂乎？又期待又怕受傷害。就隨遇而安吧！

6 熱鬧的啟航景況

——日本‧西太平洋

出發前，大家向對岸來送別的親友，拋出千百條彩帶，飛揚在海面上空；又配合唱出雄壯的出航曲；歌唱聲、歡呼聲和鼓掌聲，交織成歡騰的場景；郵輪吼出三聲響螺後就開動了，十分有看頭耶！

感想：這是我平生首次大開眼界，新奇的體驗，歡樂無極限！

行萬里路 勝讀萬卷書 環遊世界 超讚！

7 很榮幸跟船長合影

—— 日本·西太平洋

晚上舉辦歡迎酒會前，船長 Captain Anders Andersson 先生，站在大廳前輪流跟早來排隊的船友合照。他是身負重任的總舵手，帶領一千兩百多位遊客和三百多名員工，要乘風破浪環遊世界一周，我們都很尊敬和感謝他。

8 盛大歡迎酒會

—— 日本·西太平洋

我選坐在最前排，這樣最靠近舞台，才能對台上的活動，看得清、聽得明，感受更深刻。我在台灣時，不論是上成長課或聽演講，我都會提早到場並選坐前面；才能專注，不受干擾，收穫也會較多。

9 台灣團合影留念

—— 船上・東海

這是我們台灣大部分團員合照。我們在台灣搭機的有 96 位，加上幾位在日本才歸隊的，共有一百多人。我建議台灣的旅行社，最好在國內就要把團員編號及分組，並推選組長及團長，方便日後集合點名或互助合作的效益。

建議：團體活動最好要編小組並選組長，方便分層負責，提升效率等。

10 敬愛的簡媽媽

—— 船上・東海

她是船上最高齡 93 歲的簡媽媽，是由孝順的兒子簡國棟先生陪伴同行，她雙眼能看、雙耳能聽、雙腳能走—有帶輪椅備用，她好有福氣！我很喜歡跟她聊天，聽她說精彩的人生故事，獲益很多。

感想：年長者，生活體驗豐富；多聽老大人言，受惠在眼前。

※ 慕凡開講三．聽老大人的話（請看本書第 166 頁）

11 探訪廈門南普陀寺

——中國・台灣海峽

南普陀寺是歷史名寺，寺裏有七座白玉如來佛塔和二座十一層高的萬壽塔。我在後院一處看到環保標語：「垃圾不亂丟 福德當下修」、「垃圾不落地 你我都有利」極具切身利害的說服力。下午參訪茶藝館，茶道包括茶藝、茶禮、茶境、修道四大要素。

心得：我學到購買秘訣，是要等到最後結束前，優惠或贈品最多。

12 聆聽袁群醫師演講

——船上・東海・南海

健康生活方式建议

* **没病也要体检，**
* **不渴也要喝水，**
* **再烦也要想通，**
* **不累也要休息，**
* **再忙也要锻炼，**
* **不富也要知足。**

袁老師特別講了一個神奇故事：有一位中國女藥學家屠呦呦，在植物「黃花蒿」中提煉出「青蒿素」而治癒瘧疾，當時拯救了數百萬人；爲此曾獲頒「諾貝爾醫學獎」殊榮。這正應證了，劇作大師李國修引用他父親所說：人一輩子能做好一件事，就功德圓滿了。

感想：外出旅遊或聽演講，常能印證平日所學的見聞，好歡喜！超值得的。

13 驚喜獲贈珍貴簡報

——船上・東海・南海

美好人生
一享受健康的遊輪旅遊
聆聽後感想：

理性和感性兼備，
學理跟實例並重；
嘉惠眾生助益多，
感謝分享恩情濃。

特別向袁群老師致
最大謝意和敬意！

晚生 林瓊姿 敬上
2018.9.7. Peace Boat.

袁群醫師演講「船旅健康法」我當場寫此打油詩致贈，老師很意外的驚喜。又因會後，我還在他講桌上的筆電，翻拍 PPt 內容，他見了馬上說：你喜歡的話，我可把簡報複製一份送你。如獲至寶，感恩耶！

感想：我現場及時贈送的感謝詩，就是給講師最好的讚賞和回饋。

14 自我療癒課程超棒

——船上・東沙群島

這是我參加「跟理學療法士學會緩和疼痛的輕運動」課程，老師先解說身體各部位的疼痛狀況，再提出按摩、搓揉或局部運動方法，包括頭、肩、頸部，腰酸背痛等，學員跟著演練，實用又容易做。

期望：高手在民間，人人皆我師，我要在船上多多學習、挖寶。

15 新加坡港美景一隅

新加坡・麻六甲海峽

很雄偉壯觀，國內各地也都呈現乾淨、整齊景象。在路上丟垃圾、吐口水、摘花朵等都是違法要罰錢的。新加坡是「獅城」之意，是多民族、語言、宗教、文化融合的現代化國家。

建議：訂法要合理，執法要徹底。新加坡國就是最好的學習典範。

16 醒目戒賭大廣告

新加坡・麻六甲海峽

新加坡政府在海關內的牆上，掛著斗大的戒賭看板。嗜賭大概是人性通病，我國很值得借鏡。此外，像吸毒、抽菸或開車看手機等惡習，要多做標語提醒，時常看到，就會收到境教的功效。

建議：請教育部、衛福部或相關機構等，要多做廣告或在各媒體宣導。

17 天空樹是最夯景點

——新加坡・麻六甲海峽

新加坡最大的人造植物園區內,濱海超級樹「Singapore Supertree Grove」,每天晚間都有免費的「天空樹燈光秀」可以觀賞,固定在 19：45 及 20：45 時段表演;更可搭配金沙酒店幻彩生輝水舞秀,整晚都有表演秀可看,平添耀眼炫麗的夜遊呢!

18 富麗的回教教堂

——新加坡・麻六甲海峽

宏偉美觀,遊客若要入內參觀,必須換穿堂內的拖鞋,並禁止對著正在禱告的信徒拍照。回教規定信徒每天要對著聖地麥加祈禱五次。全球信徒約有 12 億,是世界第二大宗教,僅次於天主教。

19 阿拉伯街的商店

—新加坡·麻六甲海峽

各種阿拉伯式的男女頭飾、長袍、衣服等；更有琳瑯滿目的手工藝品，像多彩的土耳其燈飾、波希米亞地毯、精緻香水等，另有餐廳、咖啡廳，很新奇又熱鬧。

20 華人的牛車水廣場

—新加坡·麻六甲海峽

這裡是新加坡的中國城，保留傳統建築的獨特風情，其街名、餐廳、或所販賣物品等，充滿著濃濃的華人風味。此廣場是當地華人節慶聚集處，舞台上正在佈置要慶祝中秋節。

心得：早期移民的華人多當苦力，勤奮多年後，現在已提昇很高社、經地位了。應證了台灣俗語：「戲棚下，是站久的人所有。」

21 著名的魚尾獅雕像 ── 新加坡‧麻六甲海峽

新加坡的地標「魚尾獅」具有國運昌隆的象徵。第一座魚尾獅雕像高 8.6 米，重 70 噸，於 1972 年正式落戶在海濱橋邊的魚尾獅公園，有一塊銅匾上刻有獻詞：魚尾獅是新加坡迎賓好客的象徵。

建議：我國各景點也應樹立一個具特色雕像當地標，讓人一見難忘耶！

22 金沙酒店超吸睛 ── 新加坡‧麻六甲海峽

位於 57 樓的屋頂，由三座巨型建築頂著船型的戶外空中花園，矗立在濱海灣，十分壯觀又新奇。此酒店是高消費客群的最愛。老闆是精打細算的猶太人，但興建前，聰明的新加坡政府，提出有利本國的「約法三章」很值得我國參考。內容請看：

※ 慕凡開講四‧新加坡新鮮事（請看本書第 168 頁）

23 柚子聯想中秋節

──新加坡・麻六甲海峽

在中國城店家，看到碩大的紅肉柚子，才驚覺中秋節快到了，柚子長相渾圓，皮黃酷似滿月，正象徵家人團聚景象！此刻，頗能親身體會奔波在外的遊子，思鄉情切的感受！

心得： 想起王維的詩句：獨在異鄉爲異客，每逢佳節倍思親！

24 介紹世界文化遺產

──船上・麻六甲海峽

共舉辦有十場，由擁有授證的專業解說員片岡英夫主講，我們此行會經過 66 個世界遺產景點，可能只去拜訪 23 或 24 個。能把握良機，欣賞專家介紹，在影片中神遊一番，也是一大巧福。

感想： 觀賞影片，雖不能至，心嚮往之。一樂也！

25 首都馬累的菜市場 ── 馬爾地夫‧印度洋

這是馬爾地夫國熱鬧的貨物集散地，所賣的物產像香蕉、蔬果，跟我們台灣的很類似，但大部分都是進口來的。不過也有賣本地產的椰子，我花一塊美金買一顆，老闆幫忙現剖現喝，很鮮甜又解渴耶！

26 魚貨都是現撈現賣 ── 馬爾地夫‧印度洋

魚市場就近在港口岸邊，現捕現賣，交易蠻熱絡的；真是靠海吃海！下午我參加「用有機椰子油製作護唇膏體驗」活動，等到寒冷地區，成品正可派上用場耶。

27 特色海產藝品店

—— 馬爾地夫‧印度洋

街上很多賣海產加工的藝品店，大部分是珊瑚或貝殼類雕飾而成，都能保持原始、自然的風貌，十分美觀養眼。但因考慮旅程還很遠，易碎物品保管不易，只能拍照回國觀賞啦！

建議：**不便買回去的物品，就拍照帶回家看！省錢又省事喔！**

※慕凡開講五. 搭乘郵輪環遊世界條件　上 (請看本書第170頁)
※慕凡開講六. 搭乘郵輪環遊世界條件　下 (請看本書第173頁)

28 日本護衛隊護航

—— 亞丁灣‧印度洋

我船要經過蘇伊士運河「Suez Canal」前，當航行到紅海、亞丁灣地區，常有索馬利亞的海盜出現，挾持、搶劫郵輪、油輪或貨櫃船等，所以船方早有安排三條「日本護衛隊」軍艦護航，環繞周邊以保護我船安全，這是其中之一條雄姿。

心得：**有人用高倍數的大砲攝影機，發現外海真有海盜船蹤影呢！**

29 感謝日本護衛隊

—— 曼德海峽‧紅海

我幸運地又拍到第二條軍艦的英姿。全程空中更有直升機，盤旋監護呢！海盜通常是由失業的軍人、船員、漁工等組成，搭乘的也只是一般的快艇，但擁有槍枝等攻擊武器，憑靠的是兇狠又不怕死的勇氣，他們要搶劫的標的是財物、贖金，通常不會傷害遊客的。

30 中秋節捏吉兔活動

—— 船上‧紅海

由船方舉辦的，用紙黏土做「捏吉兔慶中秋」活動，我和各國船友同桌製作，我們雖各別來自亞洲不同國家，但熱愛中華傳統文化，歡喜迎接佳節的心意，卻是共同的愛好。

感想：我們相互切磋、觀賞，其樂融融，真是「一處鄉心五處同！」

31 作品主題很受讚賞

—船上・紅海

這是我的精心創作，我特別準備月餅、湯圓還配有湯匙；有好幾位友伴參觀後，都稱讚我寫的主題很精簡、富創意。傳統習俗有拜月和賞月，吃月餅、湯圓和柚子，全家團圓等。

心得：慶祝中秋節活動，是我國宋太宗皇帝首先頒訂的。傳說故事有嫦娥奔月、吳剛伐桂和玉兔搗藥等。

32 接受電視主播訪問

—船上・紅海

我很榮幸，意外地接受船上電視新聞的專訪，由主播恩田夏繪小姐主持，她先問我來自何國，再問我在船上慶中秋、做兔子的感想等。

心得：畫面右下方有打出字幕說我「來自台灣，…」喔，好歡喜耶！

33 分享賞月快樂情景

—— 船上‧紅海

她問我作品主題涵意，對於附有湯圓、湯匙等貼心創舉，十分讚賞；我手指還高舉對著天上的月亮，用日語說：「海上明月好美喔！」

感想：螢幕上打出日文：「在中秋節一邊賞月，一邊吃月餅。」滿有趣！

34 雙方對談十分開心

—— 船上‧紅海

我用英語和日語跟她對談，還滿順暢愉快的；螢幕上打出的日文，意思是「做小兔子，非常開心，…。」我還比出大拇指說：在海上舉辦這種慶祝活動，超讚耶！

心得：我在台灣就常接受媒體訪問，這次臨時上場，還蠻從容自在的。

35 沒有得到卻有學到

— 船上・紅海

我跟參賽者的作品合照。我觀摩後發現，獲獎的第一名，作品內有一隻大兔子外，又多增加兩隻小兔子，更能凸顯一家人團圓寓意。我沒有得到—只選一名獲獎者，卻有學到—知道今後要如何改進了。

收穫：這也應證了我常說的：人人皆我師，處處是教室。

※ 慕凡開講七・力拼國民外交（請看本書第 176 頁）

36 珍貴的集體創作

— 船上・紅海

船方志工準備很大張海報紙，和許多圓月形色紙，邀請大家寫留言：看著月亮，給遠方的家人或朋友，寫留言。

大家合體的作品很溫馨、感人喔！小小創意，大大收益！

感想：日本人很會營造生活情趣耶！我要多學習和運用。我也學到黃色底的紙張，需選用黑色筆寫，文字才可看清楚些。

37 中秋節慶祝晚會 ——船上·紅海

船方舉辦熱鬧的慶祝大會，有台、日、港、中、新、馬等人士，介紹該國習俗，簡報中有秀出拜拜用特定的鮮花，用饅頭堆成金字塔狀的供品等。我都是第一次見識到的。

心得：第一次在大海上過中秋節，別有一番滋味在心頭耶！

38 外國的月亮較圓嗎？ ——船上·紅海

這是中秋夜，我跑去 8 樓甲板上拍到的月亮，看起來應該是和家鄉的一樣圓吧！只是因在海上，感覺月色特別清亮。我默祝在台灣的親友：「但願人長久，千里共嬋娟」我面前是一條船上備用的救生艇。

39 歡樂的微笑奧運會 ——船上‧紅海

這是踴躍參加的盛大場景。船友是依照每個人生日的月份，由12、1、2月算起，每3個月合編為一隊，依序共分黃、綠、青、赤四隊，並盡量穿該隊代表顏色的上衣，比賽項目有體操、籃球、接力賽、啦啦隊等。「微笑」就是友誼賽的意思，氣氛強強滾耶！

40 急中生智獨具亮點 ——船上‧紅海

我是屬綠隊隊員，但因一直專注寫日記，竟疏忽要準備綠衣，最後只剩一小塊綠布條可用，但長度不夠綁在額頭或手腕；靈機一動，就綁在右側太陽眼鏡架上，反變成唯一吸睛亮點。

心得：統一不稀奇，獨一才新奇。

41 小朋友表演舞蹈

— 船上・紅海

本船共有 11 個小朋友，8 名學齡前幼兒和 3 名小學生，最小的只有 1 歲；一般有父或母陪同的 3 歲以下幼兒，是可免費的。他們每次表演活動，都是全場喝采的焦點。船方平時也設計有親子節目，和專屬活動區。

感想：「天使不能常到人間，所以上帝創造了兒童」此即明證耶！

42 紅海上壯麗的日出

— 船上・紅海

看見日出風采，我又賺到新的一天；我聯想起一首名歌：
又是嶄新的一天 呈現在我的面前 看朝陽突破雲層 充滿蓬勃和新鮮 那光芒明麗耀眼 朋友奮起呀 把光榮卸給昨天 把目標眺望明天 用全力傾注今天 今天是成功的關鍵 分秒必爭莫遲延。

心得：「紅海是因它上游水源流經紅色沙漠被染紅，而成就此美名。
※ 慕凡開講八．賺得風物未曾知（請看本書第 178 頁）

43 通過蘇伊士運河 ── 紅海

我船要進入運河時，當下我和陳Ｘ英女士兩人，興奮地緊搭雙肩，頻頻笑著、跳著喊叫起來：

「絲啊我洗！絲啊我洗！」一台語諧音，日語是「好幸福喔！好幸福喔！」

看到右邊是阿拉伯半島，城市一片繁榮景象，也有綠樹、遊艇等。

44 阿拉伯半島風光 ── 蘇伊士運河

近處綠野遍地，遠方大樓林立，風景很秀麗，適合人居，顯現一片欣欣向榮風光。每年通過蘇伊士運河的船隻，其中大多數都要經過亞丁灣，它是世界第二大運河。

45 日落時分更添寂寥 ——蘇伊士運河

對岸是埃及沙漠地區，只有遍地荒涼，陪伴落日霞光，也有一股寂寥之美；若是到了月夜，就頗有日本名歌「荒城之月」的淒美景況了。

感想：世態滄桑無常，天地運轉如常。能隨際遇觀賞奇景，是巧福啦！

46 一個地區兩個世界 ——蘇伊士運河

我跑上 9 樓甲板高處，及時獵艷到左、右兩邊對比情景，一邊是繁榮綠地，對岸卻是荒涼沙漠，就僅僅只隔著一條運河耶！驚見如此天差地別情景。感謝搭乘和平號，才能欣賞到這舉世無雙的奇觀。真是一次驚喜的壯遊！

心得：想起唐朝元稹的詩句：曾經滄海難為水，除卻巫山不是雲。
※ 慕凡開講九・蘇伊士運河故事（請看本書第 180 頁）

47 優雅的鋼琴酒吧 — 船上

是設在四樓自費的鋼琴酒吧，整天都有營業，你可以現場點酒，也可以買一瓶酒寄放櫃台，分多次飲用較合算；晚上固定時段有鋼琴獨奏，或跟小提琴合奏等表演，氣氛很熱絡；是聆賞、聊天、交友的好場所。你看！周圍還用黑白琴鍵裝飾呢！

48 華麗實惠的主餐廳 — 船上

這是四樓的主餐廳，寬闊又優雅，早、午餐是自助式，晚餐則是日式套餐。飯後有咖啡或茶；早餐在固定時段，有三位演奏家輪流彈奏古、今鋼琴名曲，我常選坐鋼琴附近，在美妙樂聲中用餐，既享口福，又飽耳福，真是幸福！詳情請看：

※ 慕凡開講十．美食佳餚任君挑 上（請看本書第 183 頁）
※ 慕凡開講十一．美食佳餚任君挑 下（請看本書第 185 頁）

壯麗的帕特農神廟

—— 希臘‧地中海

位在雅典市的衛城山坡上，神廟群和附近古蹟已被列入世界遺產，帕特農神廟是古建築群的代表傑作之一。那天雖然風雨交加，我們卻是風雨無阻，踩著上千年磨損又濕滑的石板路，更堅定我們勇往朝聖的腳步，你看到就賺到了。

認識當地文化民情

—— 希臘‧地中海

參加船方的「岸上觀光團」不僅有地陪「當地導遊」沿途解說史、地典故或文化背景；且在外面用餐，都在豪華餐廳或大飯店，品嘗在地特色美食，你看！我拿這盤美食，物超所值，真是賺多多耶！

51 星空，非常希臘

—— 希臘·愛琴海

這是台灣詩人余光中寫的詩句，藍色已是希臘的代名詞，今天真的見識到超美的藍空，尤其是襯托點白雲，更是美呆了。旅行，就是讓你跳脫忙碌的生活常軌，才有輕鬆心情，享受良辰美景。

52 艷光四射的日出

—— 希臘·地中海

這是在希臘科孚島拍的日出，想起羅大佑作曲的歌：

日出喚醒清晨　大地光彩重生　讓和風拂出的音響　譜成生命的樂章　讓我擁抱著你的夢…　讓我們的笑容　充滿著青春的驕傲讓我們期待明天會更好…

感想：時常在海上看清新朝陽，讓我感覺更年輕、更有活力耶！

53 揮洒餘光照大地 ——希臘‧地中海

這是在希臘科孚島拍的日落，美酷了！錯過了就再沒有了。腦海中突閃過唐朝李商隱的詩句：「春蠶到死絲方盡，蠟炬成灰淚始乾。」人的一生，也應該盡力發揮生命的價值，釋放光亮或熱能，怎可做三等國民，每天等吃、等睡、等死呢！

54 滄海桑田變化多 ——希臘‧地中海

科孚島昔日原是海邊的軍事大戰場，現僅保留一尊大砲遺址作紀念；如今卻變成熱門的觀光景點，大批遊客聚集，悠閒地吃喝、聊天談笑。「世事如棋局局新，一代新人換舊人！」我且走且看且體悟吧！

55 山頂上的碉堡 —— 希臘・地中海

科孚島的碉堡上設有遼望台，專爲偵察海上敵方船隻的動靜，我們會循著我身後崎嶇的步道登上碉堡。所幸，我在台灣出發前好幾個月就先鍛鍊好體能，爬山速度遠勝過，許多嬌弱的年輕小伙子呢！

心得：平時要多運動，有健康、好體力，才能上山下海遊玩去！

56 登高真能望遠 —— 希臘・地中海

站在最高的山頂，頗有「振衣千仞崗」、「登泰山而小天下」之歡欣感，遊客都忙著搶拍絕世美景。這趟路程也是體能大考驗，就當作是離開窩居的船艙，到陸地舒展筋骨啦！

感想：俗話說：「兄弟爬山，各自努力。」挑戰登頂成功，真歡喜！

57 老城區特色禮品多

——地中海・希臘

在科孚島上，我和同伴各買一捲綜合口味冰淇淋，我還請一位 C.C. 一「隨船志工」分享幾口，有福同享嘛！我是很感謝她熱心的服務。她一直稱讚味道很鮮美；禮品要多觀賞，多看就多賺眼福耶！

心得： 旅行就是要帶四隻「獅」——台語諧音，是「東西的西」，就是吃東吃西、看東看西，玩東玩西、買東買西。

58 亞洲博物館收藏多

——希臘・地中海

特別是進門大氣派的圓拱型天花板，及牆邊裝飾的大幅雕像，讓人見了瞠目結舌，心想一定不容小覷喔！有同伴稍前還說「我們來自亞洲，為何還要看亞洲博物館。」出國旅行參觀，還是要抱著謙虛和學習的心態。觀賞後，也讓我長了不少知識耶！

改變： 這次見識到天外有天，人外有人，物外有物。

喜見一代太后畫像

——希臘·地中海

竟有展示我國清朝「慈禧太后」的畫像，難得老佛爺生前位高權重，享盡榮華富貴，死後什麼也帶不走的；還不是只進了博物館。人生嘛！

心得：正如三國演義卷頭語：

滾滾長江東逝水

浪花淘盡英雄

是非成敗轉頭空

青山依舊在

幾度夕陽紅…

古今多少事　都付笑談中

※ 慕凡開講十二．希臘雅典傳奇 上 (請看本書第 187 頁)
※ 慕凡開講十三．希臘雅典傳奇 下 (請看本書第 189 頁)

度假勝地都拉斯

——阿爾巴尼亞·亞得里亞海

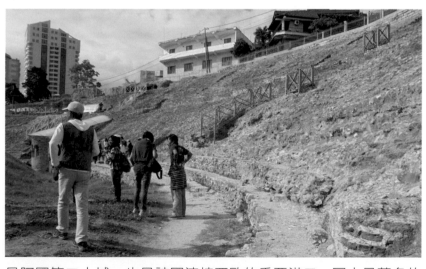

是阿國第二大城，也是該國連接西歐的重要港口。圖中是著名的「羅馬圓形劇場」遺址，從廢棄的看台階梯規模，可遙想當年盛況；地下層有教堂、表演劇場等設施；今限於政府經費不足，還有大量的建築和文物尚未開發出土呢！

感想：「倉廩實而後知榮辱」文化發展常要靠經濟基礎做後盾的。

傳統舞蹈娛嘉賓

——阿爾巴尼亞·亞得里亞海

參觀在山崗上的國立歷史博物館後，我們在附近餐廳享用特色午餐；結束前，驚喜地穿插傳統的阿爾巴尼亞舞蹈，美麗少女穿著華麗舞衣，舞姿優美且都面帶甜美笑容，令人賞心悅目。我認為景點應多安排，像這樣獨具當地文化特質的藝文節目，會更受遊客歡迎耶！

建議：旅遊安排不要只重吃、住很好，而是要多認識當地文化特色。

62

邀請來賓共舞

——阿爾巴尼亞·亞得里亞海

隨後的另一支舞曲，再加入幾個男生共舞，充滿男歡女愛傳情的肢體語言，更增浪漫風采情趣。最後還邀請遊客加入一起跳呢！她們活潑的帶動，讓賓主同歡共舞，是一大妙計。

建議：讓遊客有參與感，很值得我國從事觀光業者借鏡。

意外驚喜大快朵頤

—阿爾巴尼亞·亞得里亞海

吃過豐盛自助餐，最後竟意外送來一道鐵鍋煎羊排，很闊氣，每桌竟有兩大鍋大塊羊排，熱騰騰地直冒香氣，大家吃得笑嘻嘻！我還吃了三大塊，這是我吃過最鮮美的羊排，超有口福喔！

感想：餐廳能出奇制勝，端出特色美食，讓人齒頰留香，眞讚！

獨特的啤酒桶

—阿爾巴尼亞·亞得里亞海

餐廳內利用橫躺的大啤酒桶，再裝上水龍頭開關，就可隨意取用啤酒，物盡其用，好巧思，有創意！很值得有關行業或店家參考。

建議：實用和廣告合一，最能打動顧客的心，令人讚賞。

65 女士展現織毯巧工
——阿爾巴尼亞‧亞得里亞海

市集裡有一店家老闆娘，現場表演人工織地毯方法，我們除了再三稱讚和感謝外，也一直說「抱歉啦！」因為我們帶不走這麼貴「重」的紀念品，感謝她慨允我拍照。

建議：觀光區店家要販賣輕、薄、短、小的產品，遊客才輕易帶
　　　走的。

66 沿路市集產品有特色
——阿爾巴尼亞‧亞得里亞海

回程路過的市集，展示很多漂亮物品，大致很平價，但買不完的，只好拍照帶回國和同好欣賞，也證明「凡看過必留下物跡」、「凡走過必留下足跡」。

心得：另有說「凡住過必留下鄰居，凡努力過必留下成績」有趣吧！
※ 慕凡開講十四‧阿爾巴尼亞的故事（請看本書第191頁）
※ 慕凡開講十五‧隨機講笑（請看本書第193頁）

杜布羅夫尼克老城區

——克羅地亞‧亞得里亞海

克羅地亞國的杜布羅夫尼克港，是被稱爲「亞得里亞海的珍珠」在前往老城區途中，地陪請司機停在一棵大松樹旁，讓大家下車照相，他說：「在此處往下拍照，城鎮風景角度最美。」地陪眞是識途老馬！

建議：導遊要找熱情又有豐富經驗的高手，遊客獲益會更多！

古城牆高貴不貴

——克羅地亞‧亞得里亞海

杜布羅夫尼克是一個城堡都市，圖中是城裡一位小販手拿著紀念品在叫賣，他背後就是高聳的古代城牆，遊客要爬上去觀看，需先在入口處購買門票，一張要價€22塊歐元，收費蠻高的；不不！是高貴不貴！因爲它是獨一無二的古蹟，是價值連城的世界文化遺產耶！

※ 慕凡開講十六‧克羅地亞紀行（請看本書第 194 頁）

69 巧妙的陳列物架

— 黑山・亞得里亞海

在逛黑山國的布德瓦老城區，發現有一店家，把戒指、髮圈等小飾品的展示架，分別用一條條細長線，在上頭綁住，穿過小洞後，底端還用一橢圓形裝飾物垂壓著；這樣要拿起上面物品來挑選時，就會牽動拉起其下的長線，末端就會被牢牢卡住，不會輕易掉落或被取走。

建議：好美觀又妙用的創意，商店裡保護商品安全第一嘛！

70 淒美的愛情故事

— 黑山・亞得里亞海

布德瓦是度假勝地，有草桿編製的海灘傘，風光優美。導遊說：「海邊有一尊紀念殉情的少女雕像，是一位歌舞團舞女，跟一位船員熱戀的故事；後來男孩一去不回，但女孩一直在海邊守候情人歸來，最後女孩就傷心而病亡了。」噯！自古多情空餘恨！

感想：年青人總裁腦發育未全，遇事容易衝動或固執，家長要多關照。

四首歌廣場風光

——義大利‧地中海

四首歌廣場（Quattro Canti）由埃特納街與聖朱利亞諾街交匯形成；四個同樣有圓角的建築物，形成一個八角形。在四周街角有分春、夏、秋、冬的四棟樓房，而且牆上都有代表四季女神、四位國王及巴勒摩四位主堡聖人的噴泉雕像。

心得：它是歐洲最早興起「城市規劃」的經典範本之一。

街頭藝人賣力表演

——義大利‧地中海

是一個有組織的團隊，樂器各異，不像我們台灣多是單人表演，他們演出很專注、很敬業。以前對西西里島的印象，僅知它是黑手黨的故鄉；今天親身到此地，卻看到它悠久的歷史文化、古蹟、美食料理等。

改變：更有看見親切、熱情的百姓；來訪後完全改觀，非常值得。

73 觀光馬車超吸睛

——義大利‧地中海

年長者或淑女、貴婦們，可乘坐付費馬車逛街，馬和車都裝飾得很漂亮；現代大樓林立的街道，竟有復古意象的舊式馬車，點綴其間，頗有不協調的反差之美。也算是觀光一大亮點耶！

建議：像台灣的港都基隆、古都台南等，也可試辦用牛車、人力車，載遊客觀光啊！

74 西西里特色的標誌

——義大利‧地中海

這個磁鐵是最著名的島上標記，畫面就是西西里島的三角地形模樣，少女頭上圍繞的綠色裝飾，是代表當地豐富的農產品；絢麗的色彩，正是傳達出當地人開朗的特性。

心得：聞名的西西里料理，和珍娜朵風味的冰淇淋，是齊名的美食。

75 聞名的西西里島美食

—— 義大利‧地中海

上午徒步走了兩小時去看古蹟，又爬約一百多個階梯去參觀教堂，又累又餓又渴了，這是我拿的豐盛盤菜，是著名的西西里美食；今天不減肥啦！「不吃白不吃，吃了變白癡」才不管那麼多啦！

心得：今朝美食今朝吃，明日胖來明日減！

76 風景明信片特優

—— 義大利‧地中海

美麗的景點，做成的明信片多如牛毛，遊客還是會選購，寄給遠方的親友欣賞，也支持一下當地的文化事業，難得到此一遊，幫忙當地拼經濟，聊表船方慈善拜訪的美意嘛！

心得：在地的風景名信片，物美價廉，收藏、帶走又輕便。

高貴的主教座堂

—— 義大利・地中海

位在蒙雷阿萊地區，是由西西里國王古列爾默二世始建的，以堂內豐富的拜占庭馬賽克裝飾著稱。因他跟原有教堂的主教，相爭要當老大。因而賭氣就跑到山上來，建立這個更大的教堂，是專給貴族做禮拜用，而原主教的小教堂是給窮人做禮拜用的。

改變：嘿！在當時政、教爭權的社會，連上教堂做禮拜都要分貴賤耶！

壽司達人演講

—— 船上・地中海

Sushi lecture
(company/school/Fisheries organization)

船航行在海上，船方特邀日本著名的，旅遊世界壽司專家「手塚良則」來演講，介紹製作過程，像選米、試水溫、挑魚類等，品管都很嚴謹，現場示範製作握壽司。「始信盤中飧，粒粒皆辛苦。」船方也有舉辦「在極光下吃壽司活動」吃一客需好幾千圓日幣。

心得：種田的農人、烹飪的廚師和家中的廚娘，都同樣值得尊敬喔！

優美的橄欖樹

—— 西班牙·地中海

在西國安達魯西亞地區的橄欖樹，果實很像台灣的巨峰葡萄；它是多年生灌木，我們也看到一棵已活百年的老樹，還冒出幾叢新芽呢！橄欖收穫和製油是有固定的季節，但橄欖油一整年都可買得到。

初相見拍照留念

—— 西班牙·地中海

這是橄欖樹林相，忽想起名作家三毛寫的「橄欖樹」歌詞：
不要問我從哪裡來 我的故鄉在遠方 為什麼流浪 流浪遠方
流浪 為了天空飛翔的小鳥 為了山澗輕流的小溪 為了寬闊的草原
流浪遠方 流浪 還有還有 為了夢中的橄欖樹 橄欖樹…。

心得：旅行是有計畫的流浪。她的丈夫荷西先生是西班牙人，她是為他而寫的吧！

81 可愛的白璧之村

——西班牙‧地中海

全村的牆壁都漆上純淨的白色而得名，我們參觀全村一圈，整齊又很乾淨，有些住家還在牆上高掛各種盆栽，十分美觀養眼，村裏有教堂、餐廳、老人活動中心等。

感想：村人很樸實親切，獨享寧靜鄉村風格，很像是「世外桃源」。

82 飽嚐媽媽的味道

——西班牙‧地中海

我們坐同車中只有八個同伴，被分配到一位西班牙家庭，品嚐當地傳統的美食，看起來不是家常菜，而是宴客的大菜，菜餚都很美味又大盤，最難得的是由一位媽媽親自掌廚烹調，很有媽媽的味道耶！

心得：安排遊客到社區家庭用餐，飽嚐民家道地私房菜，好創意耶！

83 很珍貴的主客合照

──西班牙‧地中海

我們用臨時惡補的西語，輪換說：「很好吃！太棒了！很感謝！」回程要離開時，發現她竟跑來我們經過的路口送別，熱情地笑著向我們猛揮手！很感謝她善待陌生人。船方的創意安排，真讚！

建議：我們台灣鄉村的景點，也可比照辦理。做法請看：
※ 慕凡開講十七．在民家辦桌請遊客 上 (請看本書第 197 頁)
※ 慕凡開講十八．在民家辦桌請遊客 下 (請看本書第 200 頁)

84 百萬美元新娘禮服

──摩洛哥‧直布羅陀海峽

我們在摩洛哥國丹吉爾港逛街時，地陪指著櫥窗內這件新娘禮服就說：「這一件訂製費要價 100 萬美金喔！」不過，觀賞是免費的，我多看就多賺了！也趕緊拍照，跟有福人分享。

感想：錢不是萬能，沒有錢卻萬萬不能！這是富豪人家玩的排場吧！

85 摩洛哥國王官邸

—摩洛哥‧直布羅陀海峽

建築很平民化，沒有高大圍牆或嚴守警衛等，現任穆罕默德六世繼任王位後，因他受西方民主文化影響，所以宣佈廢除回教傳統一夫多妻制，國王也只有一個妻子。從此，人民才知道第一夫人是拉拉‧撒爾瑪！她熱心提倡慈善及公益事業，並為女性同胞爭取權益。

86 舊城是世界遺產

—摩洛哥‧直布羅陀海峽

在「得土安老城區」房屋已很老舊殘破，只剩少數窮人還在住，巷弄窄小又崎嶇難行；我們步行逛了兩小時後，地陪帶大家進入一家沒有窗戶的老舊餐廳，有燭火舞、肚皮舞等表演，大家都沉悶地喝著有名的薄荷下午茶。

改變：參觀古代人住處後，覺得現代人的居家環境好太多了，要惜福！

※ 慕凡開講十九　老了真好（請看本書第 203 頁）

87 珍貴的聖本篤車站 ──葡萄牙・北大西洋

波爾圖是葡萄牙國的第二大城，聖本篤車站是由荒廢的教堂改建的。圖中可見古老的時鐘，其下有火車時刻表。最特別的是大廳牆壁四周都崁入青花瓷做的壁畫，十分美觀且有復古風味。

建議：很多古建築，華麗轉身後，身價就翻漲百倍，我們台灣要多學。

88 歐洲最典雅的壁飾 ──葡萄牙・北大西洋

據說壁畫是用兩萬片青花瓷，由藝術家耗費 11 年，才拼貼成的；內容描繪民族風俗、人民生活、勝利戰役等。我輕聲問地陪：「青花瓷不是中國的特產，怎麼會在這裡出現呢？」她神祕低聲說：「聽說是在清朝乾隆時期，偷偷運來的啦！」我說：「喔！原來是贓物！」

感想：地陪很詫異地對我說：你怎麼懂那麼多歷史啊！

89 波爾圖主教座堂

—— 葡萄牙‧北大西洋

具有羅馬式、哥德式、巴洛克式三種不同風格，因是歷經先後不同時期，集資才建完成的。廣場豎立著一根高聳雕花石柱，名叫「恥辱柱」是專爲不守婦道的婦女，給予公開懲罰的絞刑台；有女性遊客，沒聽導遊說分明，還猛跟它合照呢！

感想：當時女性地位很低賤，現在女力當道，男女已漸平等、平權了，現在已有好幾個國家，都由女性當總統、首相等要職了。

90 路易一世鐵橋

—— 葡萄牙‧北大西洋

搭建在斗羅河上的「路易一世鐵橋」橫跨波爾圖和加亞新城的鋼鐵拱橋。其 172 公尺的跨度是當時世界第一，分上下兩層，上層最早是走火車用的，下層則供汽車和行人使用。是著名的建築和觀光景點。

心得：是由設計法國巴黎艾菲爾鐵塔的基斯塔夫‧艾菲爾團隊所籌建，興建於 1886 年。

91 運酒船變觀光船

——葡萄牙·北大西洋

我坐在岸邊的石椅上，欣賞來往的客船，昔日運送葡萄酒的船隻，現已改成載觀光客的遊艇了。我聯想起清朝乾隆皇帝下江南時，看到江中不斷往來的船隻，就問陪從的法磐禪師：「他們所爲何來？」禪師答：「一爲名來，一爲利往。」這是留傳的歷史佳話，你認爲呢？

心得：時移境遷，彼一時也，此一時也，識時務者爲俊傑啦！

92 盡信書不如無書

——葡萄牙·北大西洋

我看過旅遊書上說：「斗羅河沿岸都是葡萄園，是波特紅酒的故鄉」風光極爲優美，素有「迷惑的溪谷」之美稱。於是請問導遊，她卻說：「葡萄園的景觀，要在下游很遠的郊區才有啦！」我很感意外。唉！這讓我想起前外交部長葉公超說的：「讀史難通今日事，聞歌不似少年時。」難怪孟子曾說：「盡信書不如無書！」

93
攤販車成街邊的風景

—葡萄牙・北大西洋

驟見賣柳橙汁的攤販車，是三輪小貨車改裝的，全車都用柳橙圖樣裝飾，兼有廣告、美觀又實用，後座更是用一大顆圓型柳橙造型包蓋著，打開就成兩個半圓的儲物庫及遮陽、遮雨板。很有創意喔！

建議：超吸睛的。快拍照下來，可供國人觀摩一番耶！

94
遮陽擋雨的柳橙蓋

—葡萄牙・北大西洋

這是攤車側面照，可收放的工作檯，有墊板、刀子、杯子、水果、冰箱、果汁機等用品，價目表也是插在一顆柳橙上，還有一盆裝飾花耶！上半部的蓋子合起來後，存放的果物和器具都可有安全、保護和衛生，一舉數用呢！

心得：實用第一，美觀至上。完美組合，超讚！

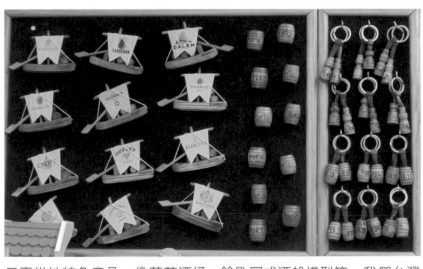

95 發揮創意美化環境

—葡萄牙·北大西洋

我一眼就被它吸引住，趕緊拍下各面相鏡頭，想帶回國內，提供有心人觀摩。不僅沒有攤販車簡陋，和髒亂的壞印象，反而有美化市容的功效。他能，我們也能啊！

建議：台灣有些流動性的早餐車、咖啡亭可參考後，再自創風格的！

96 有特點才有賣點

—葡萄牙·北大西洋

只賣當地特色產品，像葡萄酒桶、鑰匙圈或酒船模型等。我們台灣的觀光單位主管，一定要勸導各景點攤商，只能賣當地特產，才有獨佔和獨特性，不可兼賣其他地區的產品。業者也需要自制才好。

建議：同質性太高就不稀罕了，且會因削價求售而大失商機或利潤！
※ 慕凡開講二十．麥哲倫環球探險記（請看本書第 207 頁）

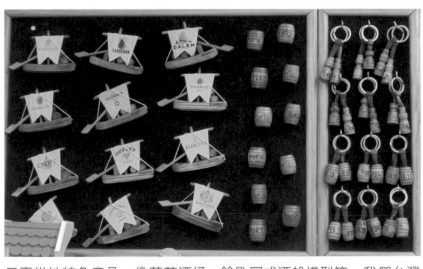

97

聽不懂的民族歌謠

—— 葡萄牙・北大西洋

午餐是在一家大飯店,並穿插民族歌謠「法朵」的表演,有女高音獨唱,男女情歌對唱等;但用葡萄牙語演唱,我們不懂歌詞意義,好像「鴨子聽雷」只能從肢體語言的表情、動作去猜想,超可惜的!

建議:船方可請志工事先翻譯成華語。現場再發給聽眾參看,以了解詞意,增加情趣;只需製做一次原稿,此後再複製就行了!

98

埃褲萊斯的塑像

—— 西班牙・北大西洋

傳說壯碩的大力神埃褲萊斯,他花了三天三夜苦戰,才打敗當時的暴君喬立翁,工程師就在暴君斷頭的地方,建造了這座以他命名的燈塔,嘉惠夜間海上行船人,真是功德無量!

99 埃褲萊斯塔功效

— 西班牙・北大西洋

我們探訪埃褲萊斯塔，它建於距今約兩千年的羅馬時代，用來協助指引航海人員，是世界上至今最古老，卻還可使用的燈塔。此塔高 59 米，建在高出海平面 60 米的小山上。每天晚上燈塔開始運作，每間隔 20 秒，就發出 4 個白色閃爍燈，24英哩內都可看見。

心得：靠著那些有遠見的偉人，才能造福世人，真令人敬佩！

100 古早簡陋的海盜船

— 西班牙・北大西洋

我們去參觀聖・安東尼博物館，這地點原是一個孤島，1940 年才填海築橋跟陸地連接，並改成展覽古代文物的博物館，展示很多遠古食器、工具或兵器等，此圖展示的是最早期的海盜船，設備很簡陋吧！

※ 慕凡開講二十一　西班牙紀事 上（請看本書第 210 頁）
※ 慕凡開講二十二　西班牙紀事 下（請看本書第 213 頁）

101 利物浦街景很名貴

——英國‧愛爾蘭海

過去是以商業港口聞名，現在則以文化古都著稱，據地陪說：「利物浦當地政府有眼光，能保存著名的古老建築，這些文化資產，都變成觀光的無煙囪工業了」經濟價值更遠勝過倫敦等現代化都市。

感想：外國影視古裝片場景，都來這裡拍攝，人潮帶來錢潮，變成很會下蛋的金雞母耶！

102 宏偉的中央圖書館

——英國‧愛爾蘭海

只能用富麗堂皇，來形容「利物浦中央圖書館」這還只是入口處的景觀，館藏更是豐富多元呢！各種現代化的聲光、影像或電子化圖書的設備，一應俱全喔！

建議：圖書館是城市文化水準的地標，更是提升讀書風氣的指標，要多設立。辦教育勝過蓋監獄！

103 美觀又實用的書牆

──英國‧愛爾蘭海

這只是閱覽室的一隅，寬敞的空間，桌椅坐位很舒適，最令人驚艷的是，環繞四周牆壁裝潢，是利用大部頭書本，由下整齊堆疊到天花板，煞是實用又壯觀，是最美麗又最高格調的裝飾設計，值得我們國家的圖書館借鏡。

104 基督君王都主教座堂

──英國‧愛爾蘭海

是英國最具特色的羅馬天主教教堂，在1967年完工。你看！銀灰色的外貌，像一條圓形的太空船，頂端收斂成皇冠般的尖塔，具有前衛的現代感，輕盈的造型，突破傳統厚重的形象。牆壁和屋頂由約250片玻璃拼接而成的，所以堂內採光極佳，外觀更像一座藝術建築物。

105
利物浦主教座堂
——英國‧愛爾蘭海

這是英國國教會最大規模的哥德式建築，也是全世界第五大主教座堂，總面積爲 9,687 平方米。內有世界最長的教堂正廳、最大的風琴、第三大的鐘。被認爲是二十世紀最偉大的建築物之一。

106
寶貴資產的電話亭
——英國‧愛爾蘭海

經典英國紅的電話亭，是由著名的英國建築師 Giles Gilbert Scott 所設計，也是一個英國文化標誌的回歸，歷史驕傲的寶貴證物；難得在此莊嚴教堂的左後旁，也有保留這座珍貴的紀念古董耶。
地陪還說：它曾經在某部科幻電影裡亮相過呢！

西元 1960 崛起約十年間，風靡全球的披頭四樂團「The Beatles」已成英國的文化資產，在利物浦街頭，立有四人雕像，供人瞻仰風采。

感想：隨著新時代對「成功」定義的多元化，卓越藝人的成就，也可塑成偶像，供人懷念；其評價或影響力，可能還遠勝政治人物呢！

披頭四樂團是 1960 年，在利物浦組建的一支英國搖滾樂團。樂團成員為約翰·藍儂、保羅·麥卡尼、喬治·哈里森和林哥·史達。他們被承認是史上最偉大的流行音樂樂團，這是紀念館門口漂亮景觀。

有簽名的唱片封面

— 英國‧愛爾蘭海

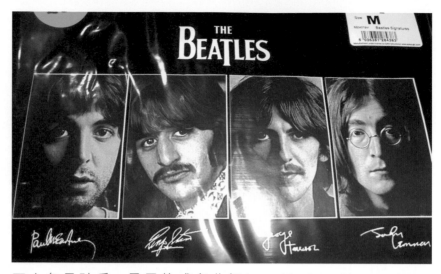

四人各具神采，最早的成名曲如 Love Me Do、Please Please Me、Penny Lane 等，都十分膾炙人口。我們台灣的鄧麗君、鳳飛飛、郭金發等巨星，也可如法泡製，成立紀念館，遊客仰慕朝聖者必會很多，藉此推廣作品或促銷紀念品，不僅可以發揚文化，還能發大財呢！

提早發行的明年月曆

— 英國‧愛爾蘭海

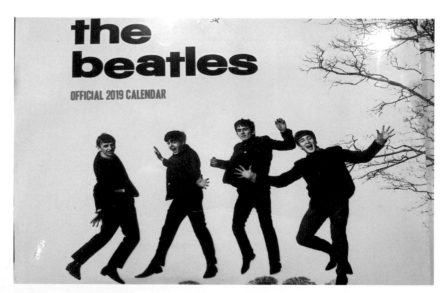

我們去參觀才十月中旬，他們早已發行明年 2019 的偶像月曆，等待訪客購買，做生意秘訣就是產品要捷足先登上市，搶快一步才是贏家；尤其是文創工作者，避免變成「過時賣曆日」囉！

心得：法國名將拿破崙曾說：行動和速度是致勝關鍵。說的有理！

CD 排列供你掃貨

——英國・愛爾蘭海

CD 唱片依照出版發行年份，有系統地排列齊全，等你垂涎青睞，對樂迷來說，怎可魯蛇其一？這是一定要的啦！華麗轉身，有了令人緬懷的故事館，就像是一隻源源下蛋的金雞母，很值得我國有眼光的企業家，作爲投資參考喔！

※ 慕凡開講二十三．英國的故事（請看本書第 215 頁）
※ 慕凡開講二十四．莎士比亞傳奇（請看本書第 218 頁）

112

都柏林整齊的建築

——愛爾蘭・愛爾蘭海

都柏林是愛爾蘭國的首都，及政、經、文化中心，許多建築物都還是保留維多利亞女王時期的建造風格；外觀整齊劃一，連門、窗都很相似；常有醉客半夜回家，因找不到自家門，就打電話向警方求救，還抱怨說：很奇怪耶！我家附近整排房子，怎麼都一直在搖晃呢！

113 聖派屈克大教堂

—— 愛爾蘭 · 愛爾蘭海

約在西元 450 年左右，愛爾蘭的守護聖者聖派屈克，曾經在今日大教堂旁，公園內的一個古井邊，替幾名新皈依的教徒施洗祝福，人們為了紀念他做這件善事，便在此處建造一座木製教堂，後來才改建成今日的大教堂。

114 聖三一大學一景

—— 愛爾蘭 · 愛爾蘭海

都柏林聖三一大學，是在 1592 年繼牛津和劍橋大學之後，應英國伊莉莎白女王的要求而設立，已經有 400 多年歷史，是英國和愛爾蘭最古老的七所大學之一，擁有約 17,000 名學生。

心得：該校的英語和文學科目十分聞名，排列歐洲第一耶。

115

115 圖書館藏書很豐富

——愛爾蘭·愛爾蘭海

該校圖書館藏書多樣又具特色，尤其擁有世界珍貴巨著凱蘭書卷「The Book of Kells」是一部有著華麗裝飾文字的聖經福音手抄本。約在西元 800 年左右，由蘇格蘭西部的僧侶凱爾特修士繪製的。

116 珍貴的古老建物

——愛爾蘭·愛爾蘭海

愛爾蘭街道保留許多古老房屋，而且用盆栽裝飾成為美麗街景，更增柔美氛圍。曾得過諾貝爾文學獎的近代長壽作家蕭伯納，也是愛爾蘭人，其劇作「窈窕淑女」曾拍成電影，由女紅星奧黛利赫本主演，當時曾風靡全球耶！

華麗的酒吧超吸睛

—— 愛爾蘭‧愛爾蘭海

裝飾多采多姿的「聖地坦普爾酒吧區」你看！還插上萬國旗，超引各國遊客目光，讓人一見就歡喜！好想進去喝一杯耶！

建議：俗話說：佛靠金裝，人靠衣裝；我說：店靠美裝啦！可見美化商店外觀多重要，開店的老闆請多參考吧！

跟好友歡聚分享

—— 愛爾蘭‧愛爾蘭海

有緣千里來相會，四海之內皆兄妹，享用午餐時，我們四人舉杯互祝「環遊世界，美夢成真！」溝通專家黑幼龍在掌握人際五力書中曾說：「什麼是陌生人？他只是你還沒認識的新朋友吧！」以後就會變成好朋友啦！

建議：我就是衝著這句話，自己單獨來玩的！結果跟很多新朋友，玩得好開心耶！勇敢走出來，你會賺很多喔！

酒吧琳瑯滿目酒類

—— 愛爾蘭·愛爾蘭海

調酒師正忙著調製各類雞尾酒，昏暗的燈光，更助長客人喝得爛醉的氛圍。想起「李白斗酒詩百篇，長安市上酒家眠；天子呼來不上船，自言臣是酒中仙。」喝酒真能激發寫作靈感嗎？今天我也想試試耶！

※慕凡開講二十五. 富豪善舉 嘉惠世人 上(請看本書第220頁)
※慕凡開講二十六. 富豪善舉 嘉惠世人 下(請看本書第221頁)

120

健力士啤酒博物館

—— 愛爾蘭·愛爾蘭海

這家設在都柏林的黑啤酒廠，其中氮氣填充製造，更綿密的啤酒泡泡，是舉世聞名。你看！廠牌名後面，就有附上豎琴的商標耶，很會做廣告喔！導覽員介紹了黑啤酒的製造過程，讓我們大開眼界。此照片是它門前的風光。

博物館內，櫥窗內依序陳列出不同年份、包裝型式的樣品，可見「變化是人生的香料」企業或人生的經營也是如此。

心得：生產各種貨品要能推陳出新，才可一直抓住顧客眼光；人生也是要多角化經營，所謂的「斜槓職涯」才能跟上時代潮流。

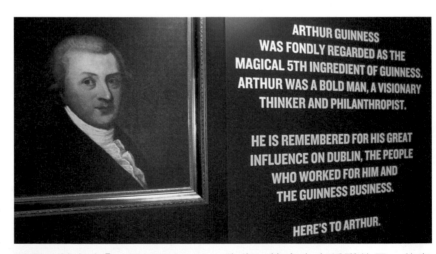

亞瑟・健力士「Arthur Guinness」先生，簡介文中稱讚他是一位有自信、敢夢想的人，也是思想家和慈善家，做了很多公益善事的偉人。他最早跟原是聖詹姆士門釀酒廠，簽下一份每年只付 45 英鎊租金，長達 9000 年的租約。超聰明、多利喔！我們有看到那份展示的租約！

建議：我們要學習他有遠見和敢夢想的衝勁，來開創自己的機運。

123 愛爾蘭名鳥當標誌

—— 愛爾蘭‧愛爾蘭海

這是大嘴鳥（Toucan）的商標，大嘴鳥從西元 1935 年起就持續擔任健力士廣告的主角，多變化的造型和周邊商品多的不勝枚舉。現代人流行求新求變，才能屢創業績高峰。

建議：我們台灣著名品牌的商品，也很值得借鏡取經一番耶！

124 超幽默的廣告詞

—— 愛爾蘭‧愛爾蘭海

這也是健力士啤酒，很風趣的廣告，是一條魚騎在腳踏車上。旁白寫著："A WOMAN NEEDS A MAN LIKE A FISH NEEDS A BICYCLE "—女人需要男人，就像一條魚需要騎車一樣。很像中文「緣木求魚」的意味。超有感的！

著名的豎琴商標

— 愛爾蘭‧愛爾蘭海

健力士從西元 1862 年開始將豎琴作為廣告標誌，但將其在徽章上朝向右側的形式改為朝向左側。成為了健力士啤酒經典的標誌。如此當大家看到，具有愛爾蘭民族特色的豎琴，就會聯想到健力士啤酒。很高招的促銷手法吧！

改變：借力使力，毫不費力，真是促銷妙計！

126

免費試飲一舉兩得

— 愛爾蘭‧愛爾蘭海

參觀到七樓 Gravity room 的遊客，可免費試飲一杯一品脫的黑啤酒，服務生現場調製，大家都搶拍鏡頭，氣氛很夯耶！其實它是附在門票內€ 14.4 歐元的招待券，也是一劍雙鵰的妙招耶！

心得：很符合台灣諺語：一兼二顧，摸蛤兼洗褲。

127 價值連城的街景 ──愛爾蘭‧愛爾蘭海

我在七樓透明窗邊走動，手握杯酒，欣賞 360 度全方位都柏林美麗街景；或跟三五好友對酌暢談；「對酒當歌，人生幾何！譬如朝露，去日苦多，何以解憂？唯有杜康一比喻喝酒，…。」當下我頗能領會三國魏王曹操，在「短歌行」中所說那份情境耶！

※ 慕凡開講二十七．愛爾蘭紀要（請看本書第 223 頁）

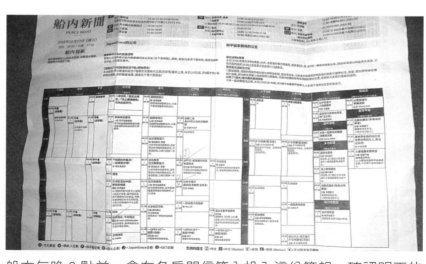

128 船內新聞是行事曆 ──船上

船方每晚 9 點前，會在各房門信箱內投入這份簡報，確認明天的活動內容，依照名稱、地點、時間、人物等，逐一劃格列舉，包括有語言、運動、歌唱、跳舞、攝影、畫畫，演講會、表演會、電影會等，並依照需求有分華、日、英文版發送；最上排是重要的「佈告欄」一定要先看，有很多精彩限量名額活動，才能及早搶先報名參加。

129 講笑話 學幽默 當笑長 ——船上

文化教室 社交舞教室② 菊池邑夫・潔香 家來愉快地跳舞吧。請穿 適合律動的服裝前往。可 運動鞋。①與②請擇一參	09:10 | 09:50	以中文・英語進行的日本語教室 ZEP 和平號事務局 介紹本日的推薦企劃與即學即用的日文講座。	09:10 | 09:50	中文教室 谷慶子 初學者也能愉快的學習文。請攜帶紙筆前來參
交舞廣場 和平號事務局 半節課為複習，後半節課 音樂愉快地跳舞吧。※ 演奏	10:00 | 10:45	以中文進行 講笑話 學幽默 當笑長！ 林瓊姿		
的莎莎舞 鈴木隆之 舞教室	11:00 | 11:30	一起唱義大利歌曲 Mucchi	11:30 | 12:10	自主企劃申請廳 ZEP

這是「船內新聞」刊登我主講的演講會消息，是在八樓「巴伊雅廳」舉辦的，很多聽懂華語的船友都來參加，像台灣、香港、中國、新加坡、馬來西亞等，我唱作俱佳，並做「有獎徵答」互動情況滿熱絡，大家都聽得笑哈哈喔！

130 內容涵蓋不同主題 ——船上・挪威海

有親子互動類：如神童 vs. 神父，前世劈腿。青春男女類：像親臉 v.s 親嘴，愛什麼花。夫妻拌嘴類：如誰較聰明，再生一個。醫病關係類：像假牙 vs. 假鈔，有種就吃。各行各業篇：如廠長撢人，吃飯傢伙等。

建議：因篇幅有限，詳細內容，請參看我的著作「大家快來講笑話」

場面熱絡欲罷不能

— 船上・挪威海

說者妙語如珠，幽默風趣；聽者津津有味，爆笑連連，全無冷場。還可像歌廳「點歌」一樣，來個當場「點講」你想聽哪一類型的，我就當場講給你聽。我講的笑話主題都是充滿樂觀、善意、機智，能增進身心健康的，剔除悲觀、嘲諷、色情等，可讓大家歡樂又益智。

費盡苦心撰寫海報

— 船上・挪威海

大家快來當笑長
・笑臉是最可愛的溝通橋
・笑聲：：美妙：快樂頌
・笑語：：溫柔：強心劑
・笑話：：甜蜜：開心果

六笑口訣
一　笑　樂　消　遙好跑
二　笑　人　緣　惱氣消逃
三　笑　煩　魔　不
四　笑　怒　病　老
五　笑　病　永
六　笑　慕　凡

2018.10.19.
和平号環球遊輪

船上也沒得買海報紙，只好利用船方的宣傳海報，背面的空白書寫；連粗體的海報筆，都要去八樓的「和平號中心」，先試選合適的再借用。很多聽眾都把內容拍照或抄錄下來，我的用心撰寫就感到很值得，很欣慰。這是其中之一張。

感謝好友一路相挺

——船上・挪威海

這是演講會場現況，這次非常感謝在船上結交的林 X 蘭小姐，現場幫我拍下很多珍貴鏡頭，從遠、近不同角度取景，還幫我錄音、錄影下來，留下很珍貴的紀錄，她的鼎力協助，我真是感恩不盡。

小幽默蘊含大智慧

——船上・挪威海

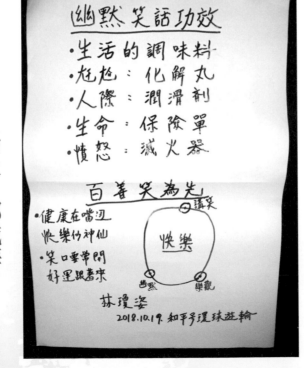

幽默笑話功效
・生活的調味料
・尷尬：化解丸
・人際：潤滑劑
・生命：保險單
・憤怒：滅火器

百善笑為先
・健康在嘴辺
　快樂似神仙
・笑口要常開
　好運跟著來

快樂
讚美
幽默　樂觀

林瓊姿
2018.10.19. 和平号環球遊輪

在我寫的四本「大家快來講笑話」的口袋書裡，我是舉出幽默笑話有十大功效；現場我都有舉實例解說；很多大人物也都具有幽默感，像英國首相邱吉爾、美國總統雷根、英國劇作家蕭伯納等。

135 會後聽眾圍聚道謝

——船上·挪威海

各國船友紛紛圍在講桌前，稱讚、道謝或詢問，引起這麼熱烈的迴響，我也感到很意外；尤其能為我們國家爭光，我更加開心和欣慰。此後，我的粉絲也擴大到香港、中國、新加坡、馬來西亞等人了。

改變：此後，在船上常遇到很多粉絲，有些還結交成良師益友呢！
※ 慕凡開講二十八．幽默笑話十大功效 上（請看本書第226頁）
※ 慕凡開講二十九．幽默笑話十大功效 下（請看本書第229頁）

136 極光晚宴和派對

——船上·格陵蘭海

船方事先有通告，請大家穿著白、綠、紅，極光三主色的服裝參加晚宴，場面極為熱鬧。晚餐後還有趴踢舞會，舞伴各個都熱情洋溢，大家都玩得很盡興。深夜還有極光觀賞慶祝晚會呢！

心得：我在台灣時，曾買一棵叫「極光」的盆栽，賣家也不知名稱由來，來此後才獲知，因它的葉片含有極光三主色而得名。真歡喜！

行萬里路 勝讀萬卷書 環遊世界 超讚！

137 守候極光閃現
——冰島·格陵蘭海

晚上大家守候在九樓中央「麗都」甲板上，郵輪已漸漸開進北極圈，天氣很寒冷，四周漆黑、空曠、風又大，我穿著披風，全身都包得緊密，這歷史性的一刻，要見證北極光閃現奇景；先拍個照留存吧！

138 珍貴的極光時刻
——冰島·北大西洋

船方事先有分別舉辦兩場「昨日極光、今日極光」的演講會，解說與預告可能閃現時段，那是因磁場與氣象所引發的極光現象。北極光英文叫「Aurora Borealis」。

期待：學生時代讀到遙不可及的極光夢境，就要出現在眼前，超興奮！

139 燦爛的北極光

— 冰島・北大西洋

極光只會出現在地球的高磁緯地區天空，它是一種絢麗多彩的發光現象。也是由于太陽帶電粒子流進入地球磁場，在地球南北兩極附近地區的高空，夜間出現的燦爛美麗的光輝。在北極被稱為北極光。

140 極光代表幸福

— 冰島・北大西洋

在較古老的傳說裏，看見極光就會帶來一輩子的幸福，這樣的神話讓許多遊客，認為有生之年，能來一次極光之旅，是一生中最渴望的夢想；想看極光就一定要到南北緯度 67 度附近的兩個環帶狀區域內，尤其是北極比南極更適合。

守候整夜只爲一刻

—— 冰島‧北大西洋

雖說極光會毫無預警的出現，但通常午夜前後會出現較多。晚上十點至凌晨兩、三點是理想的「捕光」時段。每次極光維持的時間不一，有時只有一閃而過，幾分或十幾分鐘，而幸運遇上極光爆發時段，則會歷經一整晚。

建議：有些背包客，還會就地搭帳棚，輪流守候一整夜，甚至多天耶！

142

辛格韋德利國家公園

—— 冰島‧北大西洋

此地區已被聯合國列入世界文化遺產，這裡擁有北美和歐亞板塊，分裂斷層處的特殊地景，地陪指導我學「盤古開天地」的架式，兩手向兩邊奮力一撥，立刻變成兩個世界的英姿，很酷吧！我右後方有塊「法律之岩」石碑，說是歐洲最早的議會雛型。

心得：此紀念石碑，說穿了，其實是當時冰島海盜們的集會處啦！

143 極地奇景冰天雪地

—— 冰島‧北大西洋

那天天氣預報氣溫很低，在 1℃～ 6℃之間，是我們在台灣從沒經驗過的冷酷，所以大家都穿上最厚的冬衣，把全身包得密不透風，毛帽、口罩、圍巾、手套等裝備齊全，我還穿上毛料的肚兜和披風喔！

改變：有良機領教了極地冷冽風情後；更加珍愛我們四季如春的寶島台灣。

144 壯觀的古佛斯瀑布

—— 冰島‧北大西洋

我們要去觀賞古佛斯瀑布時，先要爬上好幾段迂迴的人工階梯，因清早下過雪，雪稍融化後，路上變得更濕滑，稍一疏忽，就會立刻倒栽蔥；真正親身領會「如履薄冰」戒慎恐懼的感受，也算是此行很珍貴的初體驗啦！

彩虹美景添情趣

—— 冰島‧北大西洋

一路上很遠就聽到轟、轟、轟的澎湃水聲，近看才發現是匯聚各處支流的大水，沖激而下的壯麗景象。涵蓋的區域最寬 70 米；它又稱黃金瀑布，因每當有陽光照射時，就呈現金黃色，甚至有彩虹出現啦！

心得：彩虹出現全靠機運，這張是翻拍自當地廣告看板。

遠觀蓋爾間歇噴泉

—— 冰島‧北大西洋

整個蓋爾地區有 50 多座間歇噴泉，大間歇泉位於地熱活躍的豪卡道魯山谷，每隔 5-10 分鐘就向上噴發一次，中心水柱夾著水霧，高度達 15 至 20 公尺，周而復始，奇特又壯觀。

建議：遊客不要太靠近噴泉四周，可免被飄散的滾熱水滴燙傷喔！

近看蓋爾間歇噴泉

—— 冰島・北大西洋

大間歇噴泉是直徑約 18 米的圓形池，且水溫達攝氏百度以上。每次噴發之前，會先聽到池中洞穴內，陣陣轟隆隆的水聲，聲音越來越大，最後才衝出洞口，向高空噴射蒸氣水柱，長達一兩分鐘後，再化作大、小水珠四向噴飛後，就散落到四周成水窟。

特殊的荒原景觀

—— 冰島・北大西洋

時逢寒冬，遍地枯黃野草，全無農作物，加上處處殘雪窟窿，真像漢朝王昭君，為了和親出使到匈奴，走到塞北所見的風光：「剩山殘水，殘水剩山」景象。所幸，此地卻擁有豐富的地熱和水利資源，每家有免費水、電可用外，政府還能將它外銷賺錢呢！

心得：印證了名言：上帝給你關掉一扇門，必會為你開啟一扇窗。

農莊主人永受敬仰

——冰島・北大西洋

我們到一家餐廳用午餐,進玄關處掛有一對夫婦的照片,據地陪說:這附近大片土地,就是這一對農場主人所有,她倆堅持不肯高價賣給建商,因怕會破壞掉自然地理景觀,他倆希望美景能永久供世人觀賞。最後就捐獻給冰島政府,已被規劃成永久的「自然保護區」了。

感想:感謝他們的善行功德,我們大家才有幸看到如此奇特美景。

賓至如歸的情境

——冰島・北大西洋

據地陪說:這對夫婦只保留家族自己經營的這家餐廳,和一間賣紀念品店及一區塊當員工宿舍。

餐廳進門處設有客廳,擺放的坐椅和傢俱,都是當地動物毛皮做的,我還好奇地試坐一會兒,十分柔軟暖和耶!頗有回家的溫馨感耶!

151
美麗的聖誕節風景
——冰島‧北大西洋

這是在餐廳附近的房子,可能就是員工宿舍;有殘雪、有小木屋、有落葉後的高聳樹幹,簡直就是聖誕節卡片中的外國美景嘛!今天能來到實地親眼觀賞,真是此生一大小確幸耶!

心得:旅行就是能收到眼見為憑,享受臨場感的興奮樂趣啦!

152
一支獨秀雪中黃
——冰島‧北大西洋

在冰冷的寒天雪地,很驚奇地發現,竟然有這種黃澄澄的樹木可以存活,遠看美得像花朵,近瞧竟是樹葉耶;我好奇地去摸摸看,是有一點光滑又稍硬的革質,難怪能抵擋風雪催襲,真是極地一奇葩耶!

心得:適者生存,在困境中,也要努力找出一線生機存活下來的。

153 做環保愛地球
——船上‧北大西洋

為響應船方舉辦的「世界地球日」我公開發表這場「家人做環保 地球會更好」演講，這是我的講題及精心製作的海報，我擔任多年「家庭管理」職業，這主題也是我的強項。聽眾熱情地要求跟我合照留念。讀者正可參看海報內容。

154 聽眾專注聽講
——船上‧北大西洋

講題主要內容就是 GREEN 4R「環保 4 要」：Reduce「減量使用」、Reuse「重複使用」、Recycle「回收使用」、Refuse「拒買拒用」。當場我都有舉好幾個實例解釋說明。

熱烈提問及回應

——船上‧北大西洋

我分享煮飯香Q、煎魚不破皮等省能源秘訣，也示範資源重複用、節能減碳等方法，當場教做用廣告紙變成垃圾紙盒，及收存再利用的塑膠袋等妙招；又傳授節省水電或瓦斯的絕招。聽眾也紛紛提供各種妙法，雙方互動熱烈，我還準備環保袋當做「有獎徵答」獎品。

※ 慕凡開講三十．家人做環保 地球會更好（請看本書第 232 頁）

參觀神秘的船橋室

——船上‧北大西洋

船橋室就是駕駛艙，是帶領整條船在大海中航行的操控中心。參觀時大家都充滿好奇和期待，想多去探訪這禁區的真相。此照片是它的前排景觀。

心得：這次參觀，讓我們體驗了「百聞不如一見」的真義。

157 尊貴的駕駛盤

——船上‧北大西洋

這是早期船長使用的駕駛方向盤，現在科技發達，已改用電子儀器來操控了，擺放著是感謝它功成身退的榮耀。機器取代人力，已是回不去的歷史共業啦！

感想：現代人在這 AI「人工智慧」時代，我們都要培育自己成為無可取代的 only one，才不輕易被社會 fire 掉！

158 我當掌舵的船長

——船上‧北大西洋

這是最夢幻的一刻，我握著方向盤的神采，有同伴說我「還蠻像船長架式」；拍照時，事務局長還熱心指導我，如何擺出漂亮pose，是要把右手舉起指向前面遠方。

感想：我曾跟他用英語交談，他聽我說我來自台灣，就告訴我，他曾在台灣的EVERGREEN MARINE「長榮海運」服務過呢！

詳細回答航行問題

——船上・北大西洋

有船友提出問題，事務局長 Mr. Hasama 總是微笑又詳細地說明，大家都聚精會神地傾聽，照片中是他用電腦秀出驚險的海象圖，讓我們大開眼界，才知航行旅途風險很多，我們要多惜福，並感恩他們的帶領和保護。

改變：全程參觀後，才認識「坐船很輕鬆，開船很費工」耶！

熱情跳紐約紐約排舞

——船上・北大西洋

這是我在船上參加舞蹈節目的情景，由台灣船友游小姐帶領指導，藉由舞蹈活動，增進生活情趣和健身，大家都跳得好開心喔！看到我了嗎？我是在游老師右後方，第一排穿大紅披風的那位啦！

161 娛樂祭獻給嘉賓

— 船上・北大西洋

由船上總監和工作人員組成的舞群，充滿了力與美的動感，他們是懷著感謝的心情，抽空勤練歌舞，要在今天獻給船上貴賓觀賞；我們非常感謝他們的敬業精神，和超水準的演出。

建議：現代的旅遊從業人員，也需具備像唱歌、跳舞等才藝耶！

162 男扮女裝賣力演出

— 船上・北大西洋

男生不僅穿裙子，還戴假髮扮成女生，像前排穿藍裙的兩位；可是粗壯的大腿卻露了餡，也許是故意造成笑點吧！舞者個個都綻放歡喜笑容，動感十足，贏得大家如雷的掌聲，還有尖叫聲耶！

傳統日式益智玩具

——船上‧北大西洋

由幾組員工，輪流表演日式益智玩具，是用一組木頭剖成兩半的玩偶，再用雙手操控絲線，使上、下能及時相套合成一組；有人挑戰成功，大家就給予歡呼鼓掌；若有失敗的，觀眾就高呼：「幹嘛跌！」—日語「加油」，充滿緊張、刺激和樂趣。

164

華麗公主貴氣十足

——船上‧北大西洋

這個也是歌舞喜劇，扮演公主的女子，穿著華麗高貴的的服飾，和活潑逗趣的貧窮貴公子，演出男歡女愛的傳情喜劇，製造歡樂氣氛，博君歡笑嘛！

全體歌舞大會串

——船上·北大西洋

最後一個節目，就是演員身穿戲服，一起在台上載歌載舞，笑容滿面地向觀眾謝幕，讓我們都留下深刻又美好的回憶。很感謝他們熱情的表演。好個歌舞昇平之夜！

感想：船上的生活真是多采多姿，天天都過得很充實，我好喜歡耶！

壯麗的帝國大廈

——美國·北大西洋

它是紐約市地標，位於美國紐約市曼哈頓第五大道 350 號，興建於 1930 年，是現代世界七大工程奇蹟之一；總高 443 米，最高的 103 層，大廈共有 73 部電梯。這張是在大廈內「裝飾藝術展覽館」所翻拍的照片，有美麗彩虹襯托下，更顯一柱擎天氣派。

167 月光下的璀璨夜景

——美國・北大西洋

這是我第一次親眼看見帝國大廈絢麗的夜景，萬家燈火綿延無邊，五顏六色霓虹燈閃爍無限，更增加夜晚的迷人炫惑魅力。我站在第86樓觀景台，並環繞四周兩圈，欣賞到360度面相風光，不夜城美景盡收眼底。真歡喜、好滿足喔！

168 觀景台珍貴風采

——美國・北大西洋

在86樓的露天觀景台，那一夜樓高風又大，身體雖很寒冷，但心情卻很火熱，我一直睜大眼興奮地觀賞；此刻能親眼看見，從前讀書課本中提到的帝國大廈，欣賞嚮往已久的「夢中樓閣」應是人生中很珍貴的小確幸啦！我前方是一具望遠鏡。

169 鉛筆造型的外觀

—— 美國・北大西洋

這張是在館內秀出的獨特帝國大廈造型。它不僅象徵美國工商發達的指標，也是紐約或全美國人永遠的地標；每年的情人節、美國獨立日、聖誕節等，大廈頂部的顏色會因應變換；從2001年開始，因華人增多，每年春節晚上會增加點亮，象徵吉祥的紅、黃兩色彩燈。

170 熟年男女超吸睛廣告

—— 美國・北大西洋

這也是館方展出帝國大廈風貌之一，很特別是以熟齡的男女當模特兒，你猜她倆是夫妻、情侶、朋友或手足呢？才不管那麼多啦！能相偕來這裡遊玩就對了；銀髮族有錢有閒，正是享受旅遊的好時機。更是充滿無限消費潛力的客群耶。

改變：這是很新奇的廣告噱頭耶！值得學起來參考！

171 簡明的藥品區別法

——美國·北大西洋

那晚我因想買感冒藥，就試問地陪，她立刻帶我去該大廈一樓側面的小超商，在藥品架前要我挑，我立刻買下這款。你看！日、夜不同時間服用的藥，竟在外盒及膠囊上，都有區分成橘、藍兩色。

心得：當時我曾猶疑地想：「這麼繁華的蛋黃區，怎可能會有藥局？」但我勇敢試著說出，竟能達成願望。近代學者胡適先生所提倡「自古成功在嘗試！」這次確是明證。

172 高樓林立的時代廣場

——美國·北大西洋

對時代廣場「TIMES SQUARE」的印象就是，每年跨年喊著倒數計時「5, 4, 3, 2, 1, Happy new year！」在群眾雷動歡呼聲中，迎接水晶球落下的剎那美景。時代廣場可說是紐約的縮影，也有「世界的十字路口」美稱，是慶祝國家大事的最佳地點。

建議：參加盛會的遊客，是要穿紙尿褲的，因長時間無法離開擁塞人群，去解放石門水庫的。

173 廣闊的紐約中央公園 ── 美國・北大西洋

中央公園面積廣達 843 英畝，是紐約曼哈頓中心，超大型的都會公園，園內樹木高聳蒼翠、花草茂盛，是都市中的綠洲。內有噴泉、城堡、雕像、草坪等，民眾來此遊玩、運動、辦活動等，都很愜意，也是遊客必訪的景點。

174 自由島的自由女神 ── 美國・北大西洋

自由女神像是一位身穿長袍的女性，是代表古代羅馬神話中的自主神，她右手高舉火炬，左手上環握的冊子是用羅馬數字寫著美國獨立宣言的簽署日期：「JULY IV MDCCLXXVI」──「1776年7月4日」，腳下還有被掙脫而斷裂的鎖鏈 ── 象徵重獲自由，對移民展現出歡迎信息。

175 滿載遊客的渡輪 ——美國·北大西洋

我們搭的渡輪有三層,每天有固定來回班次。19 世紀期間,為了尋求更美好的生活,而遠渡重洋來到美國尋美夢的移民,第一眼看到的就是自由女神像,它是世界上知名的紀念雕像,常在電視節目及好萊塢電影中出現耶!

176 自由女神像故事 ——美國·北大西洋

自由女神像是法國為祝賀美國獨立 100 周年,於 1886 年贈送美國的禮物,它是紐約的地標,象徵自由、民主與希望,高度有 92 公尺。女神充滿自信地矗立在紐約港的自由島上,已被登錄為世界遺產。

精彩的西洋萬聖節

——船上・北大西洋

每年的 10 月 31 日是西洋的萬聖節「Halloween」也是西洋鬼節，就像我們華人七月的中元節；船友精心雕刻製作各種奇異造型的南瓜燈。這是我第一次參加這種盛會，很新鮮有趣耶。

心得：旅遊要積極參與各種節慶活動，把握機會認識不同文化風采。

精心打扮各出奇招

——船上・北大西洋

各國男女穿著奇裝異服，臉上刻意誇大抹上五顏六色的彩妝，變成好大的櫻桃小口，和各種獨創的造型。船方志工提早教導船友們，把南瓜挖洞，再雕刻成獨一無二造型的傑克南瓜「Jack-O-Lantern」那是一定要的啦！

狂歡派對歡樂通霄

——船上·北大西洋

在這一天男女會把自己打扮成女巫、骷髏、吸血鬼等,以驚悚、恐怖的裝扮,來嚇人和嚇走鬼靈,或是把家裏裝飾成鬼屋模樣!並且到處舉辦狂歡派對取樂。

心得:萬聖節、感恩節和耶誕節是西洋人的三大慶祝節日。

花樣百變的南瓜造型

——船上·北大西洋

這是各國船友們創作的南瓜造型,排排站,仔細看,同樣是南瓜,可是臉型卻各不相同,這使我領悟到,俗話說:「人心不同,各如其面」,也可倒過來說:「人面不同,各如其心」所以「知人知面不知心」!這是造物者最神奇的傑作吧!

181 今生有幸參與盛會

——船上‧北大西洋

這張戴著巫婆帽的本人,是隨興拍的玉照,很珍貴耶;我不是教徒,在台灣從沒機會過萬聖節,因參加此次旅程,才能把握良機在郵輪上見識、同樂一番,體驗新鮮的趣事,超讚啦!

182 現場揮毫的畫家

——船上‧加勒比海

由領航員 Dragon76 在泳池旁,現場作畫供大家參觀,他一再塗塗又改改,需花十幾個小時才能創作完成,真費心費力耶!作品會先展覽,然後再捐出義賣。

感想:我因參加旅遊,才有此閒情逸致觀賞,體會當畫家真不簡單耶!

喝名人酷愛的美酒

—— 古巴・加勒比海

我手中握著就是柏迪奇達酒吧裏，海明威最愛喝的「莫希多」雞尾酒，味道滿清爽的！看到背後老舊的木板門牆上，許多名人訪客的簽名，更是門庭若市的鐵證。託大作家的名氣，遊客都想喝一杯，他曾喝過而出名的酒，滿足一下崇拜他的虛榮心嘛！

184

搶跟海明威合照

—— 古巴・加勒比海

在等候佛羅里達酒吧開門時，地陪向身邊的人，透露在某個角落有海明威的塑像，要搶先進門跟他合照；我趕緊衝進並挽著他的手臂，希望能接他的好手氣，寫出傳世好作品。這是當年海明威常來光顧的固定座位；銅像栩栩如生，彷彿他在觀賞美妙歌舞時，一面品嘗香醇美酒，一面構思小說情節耶！

185 手捧黛奇麗樂無比

— 古巴·加勒比海

佛羅里達酒吧，拜海明威盛名之賜，像今天也座無虛席；我手上捧著黛奇麗雞尾酒，就是因海明威最愛喝而聞名，它是由蘭姆酒、檸檬汁、蔗糖和櫻桃酒調製而成的。我們越過千山萬水，能喝到跟大作家喜愛的同款雞尾酒，感到十分滿足了仰慕之心，此行非常有價值。

186 吃名人最愛的大餐

— 古巴·加勒比海

豪華餐廳因滿座而熱鬧滾滾，我們點選的是最出名的招牌菜「海明威海鮮總匯」這一盤就是餐前菜，有大片可口的醃肉、沙拉、紅蘿蔔、四季豆等，清爽可口，味道極為鮮美，擺盤也很亮眼喔！

187
名貴的經典主菜
——古巴‧加勒比海

長條的魚片就是最經典的「明蝦排」香脆甜美；微圓片狀的是「生煎干貝」很大塊又鮮嫩可口；還有一些配菜；能跟海明威吃同款的食物，大大地滿足了「追星族」的好奇心—明星作家啦！這也是店家奇招喔！超值得的。

188
冰淇淋是壓軸甜點
——古巴‧加勒比海

最後一道甜品，就是我手持的這捲，特製口味的冰淇淋，冰涼、香甜，而且是只此一家，別無分號的。在熱絡、歡暢杯觥交錯中，想起李白的詩「將進酒」：人生得意須盡歡，莫使金樽空對月，⋯。

感想： 這頓大餐收費蠻高的，但有珍貴意義，百聞不如一吃啦！

189 演奏莎莎舞音樂

—— 古巴·加勒比海

在餐廳大門進口處有三、四人組成的樂團，演奏熱情音樂娛樂嘉賓們，尤其是古巴聞名的莎莎舞曲；顧客在吃飽喝足後，也可隨興跟著跳舞，展現古巴人天生的熱情豪氣，更增歡樂情趣耶！

190 海明威博物館正面

—— 古巴·加勒比海

位在哈瓦那塞羅區的維吉雅莊園，就是海明威「Ernest Hemingway 1899 — 1961」在哈瓦那的別墅。主樓是一座白色兩層豪華樓房，有書房、會客廳、餐廳、臥室等，還有藝術品收藏室。此照片前面人物由右向左，分別是館內人員、西語導遊和華語翻譯員蔡茵茵小姐，很感謝她們詳細的導覽。

會客室兼收藏室

——古巴・加勒比海

這是會客室，也是藝術品收藏處，裏面收藏包羅萬象，多達2萬多件的珍藏品，只可遠觀，不可近玩；海明威酷愛去非洲打獵，並把戰利品像鹿、牛、羊等的頭顱做成標本，懸掛在每個房間牆上展示，樣貌都栩栩如生喔！

會客室的另一角

——古巴・加勒比海

會客室裡展示很多名畫、地圖等。他很好客，在談話中，能啟發寫作靈感，所以他筆下描寫的人物，都活靈活現在眼前，這是他寫的小說能廣受歡迎的主因。要當成功的作家，就是要多跟人交談，寫出的作品才能接地氣，獲得大眾的共鳴，也才能大受讀者讚賞。

193 書房裡的大書桌 ——古巴‧加勒比海

好大的寫子桌喔！難怪能成就爲大作家。我們家中每個人都該擁有一張書桌或一個位置，尤其是全職媽媽，不論是讀書、寫日記、看食譜等都很好用，它是婦女自我成長的秘密基地。

建議：婦女要不斷學習，以掌握社會脈動，因爲時代不斷前進，腦袋也要跟進。女性多了書香味，就更有女人味啦！

194 迪拉號魚艇 ——古巴‧加勒比海

這條是載著他出海捕魚的船，是由一位多年替他開船的合作夥伴駕駛的。海明威後來離開古巴時，就把此船贈送給這位富恩特斯漁夫；最後漁夫轉贈給古巴政府，才能保留至今，供人參觀懷念。

心得：感謝他兩人無私的奉獻，變成公共財，我們今天才有幸觀賞。

195 清幽的科希瑪漁村 —— 古巴‧加勒比海

科希瑪是一個寧靜的小漁港，當年海明威出海捕魚都是在此港進出，從這裡可遙望老漁夫與馬林魚搏鬥的墨西哥灣。天藍、海藍；散步的遊客都想實地感受一下，當年海明威所曾流連的風光，這裡是海明威創作「老人與海」的背景。

感想：水不在深，有龍則靈。我說：村不在大，有名則旺。

196 蜂鳥的可愛身影 —— 古巴‧加勒比海

這是在維吉雅莊園的花廊間，看到的世界上最小的一種鳥，蜂鳥以小蟲和花蜜爲食，採食花蜜時兩翅會高速震動，發出嗡嗡的聲響，和蜜蜂很相似，所以才被稱爲蜂鳥，你看到了嗎！牠是在此圖的中間偏左，有一個白圓點的下方；那紫色花，我問西語地陪，她說名叫「花是朵」——華語諧音，很像台灣的牽牛花。

放大版的蜂鳥

——古巴‧加勒比海

這是我在船上看影片所翻拍的。牠最小的一種身長還不到三釐米,大一點的也不過四到五釐米,和蟬兒差不多大。在吮吸花蜜時,它並不停落在花蕊上,而是懸在空中,用它那鋼針般細長的尖嘴,從花朵中獲得食料。有關「海明威紀念館」詳細內容請看:

※ 慕凡開講三十一‧海明威紀念館 上(請看本書第 234 頁)
※ 慕凡開講三十二‧海明威紀念館 下(請看本書第 237 頁)

198

傳統市集的樂器店

——古巴‧加勒比海

有各種樂器及演奏人物雕像。古巴是在 1492 年被哥倫布發現的。他們的教育十分普及,學生完成 9 年義務教育後,可考入職校或大學;各級學校均為公立,學費和書本費全免,還免費提供伙食和校服。如今古巴人民的識字率達 99.9%,領先全球,很值得羨慕和學習。

鮮艷的婦女服裝

—— 古巴‧加勒比海

古巴天氣炎熱,婦女服裝大多寬鬆樣式,細肩或無袖,穿起來較透氣、舒爽。顏色更是五彩繽紛,可感受到她們熱情、開朗的民族特性,我們有同伴現買現穿,融入當地風情,很實用美觀呢!

200

豪華型的老爺車

—— 古巴‧加勒比海

這是豪華型的老爺車,在 1959 年前是由美國所控制的古巴,當時有大量的美國汽車輸入;但在革命後,美國給予經濟封鎖,所以只好繼續使用 50 年代進口的美國車,有福特、雪佛蘭或奧斯莫比等名牌的老爺車。

手工藝品繁多

——古巴・加勒比海

這是兩間合起的手工藝品店，有各種木雕禮盒，隔壁間則有海景風光及美女相片等，店員只顧玩手機，也沒注意招呼來客，我只好拍個照就走開啦！

感想：日本諺語：「顧客是上帝送來的禮物。」可惜她沒接住。

熱情的莎莎舞歌曲

——古巴・加勒比海

這是我參加船方在一家大飯店，舉辦的「和平之船＆古巴親善莎莎舞慶典活動」剛開始歌手和樂團演唱的情景。當晚因午後突然下一場大雨，打亂原定的安排，由寬敞戶外改到擁擠的室內，而引起軒然大波。結果只聽了幾首歌，就草草結束，舞會也取消了。
詳情請看：

※ 慕凡開講三十三．莎莎舞晚會泡湯記（請看本書第 240 頁）

蒙特哥貝港口風光

—— 牙買加·加勒比海

牙買加是加勒比海中的第三大島國，蒙特哥貝是它的第二大城。這是從船上甲板上，拍的港口風貌，湛藍的天空和海面，遊艇點綴其間，以及岸邊茂盛的綠樹，煞是美觀！這裡的人們臉上，都掛著開朗、樂天的笑容。

著名的古豪宅

—— 牙買加·加勒比海

這個玫瑰大莊園「Rose Hall Great House」最早建於 1770 年，因第一代女主人酷愛玫瑰花，就遍地種植而取名。參觀這座 18 世紀格魯吉雅富麗的豪宅，最精彩的是，後來接手的一位女主人安妮·帕爾默「Annie Palmer」的驚悚故事。照片背景可見滿園漂亮花木風貌。

建議：若要拍豪宅正面景觀，是要先付給專利商標權費用耶。

205 豪華玫瑰大莊園

——牙買加‧加勒比海

位在蒙特哥貝的玫瑰大莊園，在十八世紀英國殖民地時代，由一位大地主建造，佔地廣闊的別墅。園內有奇花異卉，繁花似錦；還包括其中心的格魯吉雅豪宅，可見識當時華麗風格的傢俱和裝潢。

感想：此張掛在牆上合照是傳奇的女主人安妮，和她收養的孩子們。

206 女主人安妮的臥室

——牙買加‧加勒比海

在當時算是很豪華的設備，有化妝台，牆上還掛著她美麗的畫像耶！她的床鋪好像中、西混搭的，床墊是西式的，可是頭頂的床罩和側邊的簾幕，卻跟台灣的「紅眠床」很相似耶！

207 另一張華麗的床鋪

—— 牙買加・加勒比海

據地陪說：她曾有過三任丈夫，但都先後被她毒死掉的；她更有不少情人，她很喜歡變換性伴侶，或玩性遊戲，還唆使男女奴隸，集體在廣場表演做愛做的戲碼，讓她在陽台觀賞。

208 擺設風格中西混搭

—— 牙買加・加勒比海

豪華的餐廳一隅，中、西物品融合在一起，有中式的餐盤櫃、桌椅、窗簾等，西式的有水晶吊燈、水果盤和高腳杯等。物品都蠻精緻的耶。在當時可算是很闊氣的裝飾了。

209 豪奢卻悲慘的下場

——牙買加·加勒比海

女主人安妮本身沒有生育兒女，又過度縱慾情色和玩樂，據地陪說：她後來因和女管家互相爭寵一位帥哥愛人，而彼此各自施展巫術、魔法傷害情敵，最後，安妮不幸敗北，含恨而死。據說她的魂魄常化成女鬼回家飄遊耶。

感想： 這張是餐廳牆上懸掛的豐盛菜餚照片，可見她吃喝澎湃浪費，生活又奢糜享樂無度，真是樂極生悲啊！

210 驚悚故事供人警惕

——牙買加·加勒比海

她三十幾歲就過世了。一個人一生要享福多少是有定數的，你過度揮霍就會提早把配額用完，便要回歸塵土了。我們在觀看她荒涼的墳墓時，有一位小姐突然跑過來，在墓旁吟唱起詩歌來，猜想是在訴說安妮的故事吧！她一直送我們到出口，我就掏出小費打賞她。

心得： 我婆婆常說：「怨無，不怨少」嘛！背後也可看見豪宅一景。

211 特色手工藝花樣多

——牙買加・加勒比海

這是在禮品店拍的，這裡賣的商品，製作工法細緻，色彩鮮豔濃烈，小寵物如魚類、烏龜、青蛙等，都是純手工木製的，造型栩栩如生，同伴荷包又要大失血啦！

※ 慕凡開講三十四．回答及建議問卷調查表（請看本書第243頁）

212 豪華酒店享受午餐

——牙買加・加勒比海

酒店設在海灘旁，入口大廳還擺一隻鎮店的大獅王！有同伴說：「你看！獅子大開口，消費一定很貴！」另一人打趣說：「是我們自動送上門來的！」又有人說：「觀光，就是看你把錢花光光！」也有人補充說：「把錢花光，為國爭光，回國就變兩光啦！」旅途中大家隨機說笑，也是一大樂趣呀！

213 餐點豐富有特色

— 牙買加・加勒比海

當天在餐廳用的午餐，環境特優，窗外飄送清涼的海風，更誘發大胃王的食慾耶！有吃不膩的整隻牛排腿，龍蝦，雞腿、魚排，及當地蔬果做的沙拉等；更有特製水果冰淇淋，我大開吃戒，吃了三大球，打破了我自己的紀錄耶！

感想：真是「賺了錢財，賠了身材」今天不減肥啦！享樂要及時嘛！

214 海邊風光奇美無比

— 牙買加・加勒比海

這是這家餐廳旁的海灘風光，你看！藍天配藍海，清爽沒得比，加上陣陣吹來的涼風，能在此歇息片刻，就像孫悟空吃了人蔘果，感覺體內三萬六千個毛孔都張開了，身心舒暢！不！簡直要飄飄欲仙啦！

臨別依依再瞄一眼

——牙買加·加勒比海

「再看我一眼，再看我一眼！別急著說再見！…」我突然哼起這首名歌，真的捨不得離開這片美景。我聯想起「浮生六記」的名句：「山水花竹無恆主人，得閒即是主人。」此刻，我很歡喜擁有。

※ 慕凡開講三十五．藍山咖啡真相 (請看本書第 246 頁)

海濱風光休閒百態

——牙買加·加勒比海

來此度假的男女、老少咸宜，你看！有游泳、玩水、曬太陽、玩手機、聊天說笑的，真是放鬆身心的好所在；啊！浮生若夢，為歡幾何？現代人生活緊張，工作壓力又大，是很需要有休閒、娛樂，以便再充電、重創造的。

心得：我想起宋朝大文學家蘇東坡說的：「聊為一日樂，慰此百日愁！」很有道理耶！

217 巴拿馬海邊港口

—— 巴拿馬·加勒比海

我們靠岸的克里斯托瓦爾港，港口附近卻很殘破荒涼。距離遊覽景點，還要坐約兩小時的車程，這是一處遊艇進出的港口，風光奇美，尤其是寫上大大的 PANAMA 國名兼市名，是很醒目的特色造景喔！

218 巴拿馬運河的閘門

—— 巴拿馬運河

這是巴拿馬運河最精彩的景觀地段，因大西洋比太平洋水位較低，所以必須先後通過幾個閘門，利用人工操作，漸進把下方水位提高後，就像爬階梯升上去，待水位平高後，才能順利轉進太平洋，兩洋間直接通航，比早先須繞行南美洲，航線可節省 1 萬多公里耶。

219 閘門水位落差

—— 巴拿馬運河

巴拿馬運河位於美洲大陸中部，縱貫巴拿馬地峽，是一條溝通大西洋和太平洋的船閘式運河。運河全長 81.3 公里，最窄處為 152 米，最寬處為 304 米。從運河中線分別向兩側延伸 16.09 公里所包括的地帶，都算巴拿馬運河區，總面積為 1432 平方公里。

220 河上的日出光彩

—— 巴拿馬運河

我們早起在甲板守候時，幸運地看到壯麗的日出美景；日出天天都有，今天可大不同，我們是坐郵輪經過千山萬水，才到巴拿馬運河上看到的，可說「一期一會」的奇遇耶！

感想： 想起唐朝詩人韓偓的「曉日」：天際霞光入水中，水中天際一時紅；直須日觀三更后，首送金烏上碧空。

歷史性的鏡頭 —— 巴拿馬運河

巴拿馬運河的第一道閘門就要打開了!快!快!快按下快門,捕捉這歷史性鏡頭,真是賺到了!就是下次再環遊世界,也不一定會再看到這個世界最重要的運河耶!甲板上風很大,我穿著披風像樣樣風塵的俠女,還蠻稱頭吧!

222

守候第一道閘門打開 —— 巴拿馬運河

船上前、後有好幾處甲板,都開放給船友們觀賞,這是在八樓後方處聚集的同伴們。大家備好手機、相機,隨時要捕捉閘門開啟的剎那,見證此生很珍貴的一刻,超期待的!

我船航行河道中

——巴拿馬運河

我在靠近船頭的甲板上，可清楚看見船上工作人員，跑來跑去在操作機器，也有一位女生穿著工作制服，手拿對講機講話，好像是在指揮人員做事，現代女性真了不起耶；我很敬佩和感謝他們的辛勞付出，我們才能順利安全過關。

224

熱帶雨林區功用大

——巴拿馬・加勒比海

雨林是雨量很多的生物區系，可讓樹木和植物快速生長；同時，樹木和植物也為雨林中的成千上萬種生物，提供了食物和庇護所。雨林區是世界最大藥廠，它生產很多珍貴藥物或原材。

改變：原來雨林區的的功用這麼重大，來看過後，獲得很多新知了。在這種熱帶雨林氣候區，瞬間常發生暴雨，因而造就了美麗的彩虹。

225 多功能的加通湖 ——巴拿馬‧加勒比海

當我船要穿過巴拿馬運河前，必須先經過加通湖；廣闊水域的加通湖，是由於查格里斯河上，修建加通水壩而形成。加通湖完成時，是當時世界上最大的人工湖，加通湖水壩是世界最大的土石壩。具有集水、防洪、觀光、調節水位等多項功能。

226 過橋就進入太平洋 ——巴拿馬‧加勒比海

我船已快接近前方的美洲大橋了，它是巴拿馬的一座公路橋，橫跨太平洋的巴拿馬運河入口處。橋建成於 1962 年，耗資 2 千萬美元。美洲大橋是連接南北美洲大陸的大橋。大橋造型很美，像一道彩虹懸掛在運河上。

※ 慕凡開講三十六．巴拿馬運河傳奇（請看本書第 248 頁）

航行在世界第一大洋

—— 東太平洋

太平洋是地球上五大洋中面積最大的海洋，它從北冰洋一直延伸至南冰洋，其西面為亞洲、大洋洲，東面為美洲，比地球上所有陸地面積的總和還要大。赤道將太平洋分為南、北太平洋。太平洋之名稱，意為「平靜的海洋」是由16世紀初，航海家麥哲倫船隊所命名。

神秘的空中之城

—— 秘魯

馬丘比丘「Machu Picchu」是在南美洲的秘魯，是前哥倫布時期印加帝國的遺跡，位在海拔2350～2430公尺的高山上，也是世界七大奇蹟之一，更是世界文化遺產，至今已被列為保護區；此城的建造、興盛及衰滅原因，至今仍成謎團，更是吸引遊客探訪的亮點。

229 馬丘比丘另一奇景 ——秘魯

其地名意思是「古老的山」它座落在亞馬遜叢林深處高原上，擁有奇特的無砂漿接著石灰岩建築。地理形勢陡峭、曲折變化多端，可說是深谷中的印加帝國迷城，有不少人認爲是此生一定要造訪的勝地。

※ 慕凡開講三十七．昂首向前走 (請看本書第 250 頁)

230 聖方濟各教堂雄姿 ——秘魯・東太平洋

聖方濟各教堂與修道院，爲 17 世紀所建，華美的粉黃和白色外牆，是西班牙巴洛克風格建築，主要建築爲聖殿、女修道院、圖書館和地下墓園。圖書館有各種名貴古老的圖書版本；地下墓園，總共有 2 萬多副遺骨存放，光聽說就很令人驚悚，進入參觀還要買門票呢！

精彩的馬術表演

──秘魯‧東太平洋

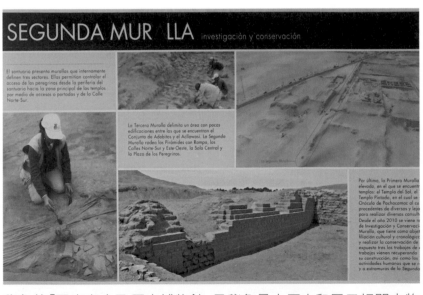

這是著名的馬術表演劇照，有一位船友有錄影，回到船上重播給我看，特技表演的確很精采耶。我們同一天都有好幾個景點可供選擇，各自參觀後，常會互相交換心得，或分享照片；如此，一人吃兩人補，豐收又滿足耶！

心得：朋友就像一扇窗，它讓你看到不同的風景，分享勝過獨有耶！

博物館包羅萬象

──秘魯‧東太平洋

SEGUNDA MURALLA investigación y conservación

秘魯的「國家考古及歷史博物館」是秘魯最大歷史和展示相關文物的博物館，室內展出包括生活用品、宗教器具、陶瓷品、紡織物，及金銀銅器等。這張圖是顯示室外當初挖掘寶物和出土的情況，是翻拍自現場看板。

233 外場參觀的同伴 ——秘魯‧東太平洋

背景也可見龐大室外現場之一隅，合照記錄我們同遊的美好印象。沿途參觀時，還看見有考古工作人員，在炎熱的走道旁，臨時搭蓋的帳棚下，正拼湊還原挖出的古物碎片，我特別舉起大姆指，用英語向帥哥稱讚和道謝喔！他們也以點頭微笑回應。

感想：舉口之勞，給工作人員說聲「謝謝」以表慰問和感恩。

234 在海灘餐廳聚餐 ——秘魯‧東太平洋

參觀博物館回程路上，地陪說要帶我們去一家很有名的餐廳用午餐，同伴有人點了好幾道別緻的菜餚，我則聽地陪推薦說「海鮮總匯鍋」料多價實；大家都很期待好菜上桌。今天我是參加「自由行程」很期待可在外面品嚐不同美食。結果物超不值，被當肥羊給宰了。

※ 慕凡開講三十八．秘魯跟想像的大不同（請看本書第 252 頁）

多樣化精簡的套餐

——東太平洋

這是4樓主餐廳一次的日式晚餐，由服務人員事先就擺好的套餐，有米飯、蒸蝦、生魚片、蘿蔔塊、荷葉包及日式傳統小點心等，做工十分精緻，擺盤配色更是養眼，令人胃口大開。清淡、養生又可口耶！

※ 慕凡開講三十九．爲此而活（請看本書第 255 頁）

優雅的交際舞會

——東太平洋

這是在 8 樓「和平號中心」大廳，舉辦的交際舞晚會，在柔美的樂聲中，盛裝出席的舞伴，雙雙翩翩起舞，有的舞姿優美，有的技藝高竿，都陶醉在美妙的樂曲裏。我很喜歡當觀賞者，感受歡樂的氛圍。

心得：人生舞台，不必都要自己演出，有時當觀衆欣賞也很樂耶！

精彩的時裝秀

—— 東太平洋

因我們剛訪問過秘魯，所以船方特別配合時事、情境，舉辦了「拉丁美洲時裝秀」有不少大人、小孩參加，他們都穿著色彩鮮豔的服裝，表現出拉丁美洲人豪爽、熱情的的開朗風采，孩童們更是打鼓、跳舞走秀。十分有看頭耶！

兄弟檔的表演

—— 東太平洋

在七樓百老匯廳，舞台中央穿著紅上衣，演奏樂器的兩位男士，是來自秘魯的 ILLAY 兩兄弟，表演很多樂曲，而且先後使用不同樂器演奏，旋律、節奏都高昂、明快，充滿了熱情、活潑的拉丁美洲風情，也有船友跑上舞台，配合著樂曲跳起舞來同樂啦！

ILLAY 兩兄弟的表演會很精彩，他們賣力的演出拉丁美洲文化的特色；會後也有販賣該國產品，像印有特殊圖案的服飾、手工藝品等，我則購買一張音樂 CD，表示肯定他們的才藝，支持文化事業嘛！我很喜愛其中一首「希望」並請偶像在 CD 上簽名並合照留念。

240

獨特的科科斯島

──東太平洋

照片的左前方就是神祕的科科斯島，它是一座死火山的山頂，在哥斯達黎加西方 480 公里，生態環境保留原始，已被列為世界遺產；影片「侏儸紀公園」中的恐龍復活島，就是在此拍攝的。原住民用石榴、葡萄、蒜頭、懸鈴樹葉等，編織成新年花環慶祝，顯現樂天知足的快樂，真是人間樂園。船長特別環島繞一圈讓我們觀賞。

241 安地瓜是珍貴古蹟

——瓜地馬拉・東太平洋

瓜地馬拉國古都安地瓜，海拔 1500 米，保留殖民時期獨特的建築風格，已被聯合國登錄爲「世界遺產」我們在此參觀，步行在大、小巷弄 2 個多小時，很多破舊房屋的門、窗都已被關閉釘牢，且被漆成黃色，僅供觀光客參觀憑弔一番吧！

242 眼見火山爆發景象

——瓜地馬拉・東太平洋

自從今年六月「富艾戈」火山爆發後，也引發大地震，死傷很多，對古老建築物損害更大。我們郵輪，也有在船上向船友發動募款，要專款交給瓜國救助災民，我也有樂捐，共同表達關懷心意。

感想：這是火山剛爆發的情景，剎那間剛好被我搶拍到，很震撼耶！

百變的噴發樣貌

—瓜地馬拉・東太平洋

火山爆發出口會噴發許多火花、岩塊、泥漿、黑煙、灰塵等，接著瀰漫成一大團、一大片像雲朵的煙幕，由開始的濃黑色，漸漸擴散轉淡成灰白色，顯現 [白雲蒼狗] 的景象，真是一大奇景！

心得：地陪說：火山會爆發，當地人曾有 [巨人竄出選妻] 的傳奇說法。

尊貴的國鳥風采

—瓜地馬拉・東太平洋

名叫 QUETZAL「鳳尾綠咬鵑」又名自由鳥。該鳥羽毛為綠色，頭部為黃色，胸為紅色，有很修長的尾巴，十分美麗，是咬鵑目中羽毛最美麗的一種。瓜地馬拉將其定為國鳥，連該國錢幣名稱也使用此名耶！

245

圖案是宣傳利器

—— 瓜地馬拉‧東太平洋

這是我在服飾店中看到的，把國鳥印在衣服上，是很美麗的圖案，很實用的促銷廣告，算是最佳「代言鳥」很多商品也秀上這個標記當裝飾喔！藝術作品就是要融入生活用品，廣增流傳的效益，高招耶！

建議：我們台灣也可把玉山、藍鵲、故宮的「翠玉白菜」等圖案，印在衣、物上，不僅美觀、實用，且能推廣藝術作品。

246

隨處可見的裝飾品

—— 瓜地馬拉‧東太平洋

這是擺放在我們午餐桌上的變裝國鳥塑像，每桌都有一尊，還分不同的造型，有紅、黃、綠等，更增用餐情調喔！既可增加美感，又能收廣告宣傳效益呢！我們也應把國寶級的花、鳥等塑像當擺飾，總比擺放一盆塑膠花好看多了。

棚架下的高雅裝飾

——瓜地馬拉‧東太平洋

午餐是在一家規模蠻大的飯店，它屋外有很大的庭園，足可擺放幾排大托盤和餐盤的桌子，由專門服務人員幫忙打菜。雖是露天，但頭頂上掛有漂亮的大紗巾罩著，不僅陽光變得柔和，且更增浪漫氛圍！

牛排現烤現吃

——瓜地馬拉‧東太平洋

我們到達時，有看到院子裡吊掛著的大型烤肉鐵盤，三、四個廚師正在碳烤牛排呢！飄出滋滋香氣，也冒起陣陣煙霧呢！讓食客看得見，是現烤的美味佳餚喔！也是促銷密技，可悄悄學下來應用喔！

249 紗巾實用又浪漫

──瓜地馬拉‧東太平洋

在餐廳室內天花板的大吊燈，或庭院頭頂帆布架下，都特別加裝一層白色透明大紗巾，以中間大燈為軸心，向四周作放射狀展開，直到牆邊再釘牢，輕柔透光並略微飄墜的紗巾，所自然形成的皺褶，增加浪漫氣氛。重要的是可美化單調的天花板，和醜醜的帆布架啦！

250 小創意大加分

──瓜地馬拉‧東太平洋

這是餐廳外獨立一隅的沙拉吧台，你看！擺盤和墊高底部的盤架，都使用木材製品，多麼富有自然風味，和盤中的原味蔬果，正可裏、外相呼應；更特別的是還多放一把樂器點綴，好像要演奏「沙拉吧之歌」，如此更增一點點美感的小創意，很令食客賞心悅目耶！

※ 慕凡開講四十‧創意的生活美學（請看本書第 257 頁）

女修道院的奇景

—— 瓜地馬拉·東太平洋

這裡是聞名的「聖方濟女修道院」它建於 18 世紀。最初只有五位從西班牙來的修女開始修行，全盛時有八、九十人。地陪說：「修道院規定，送來當修女的，必須是家中長女，且在五歲以前就要入院。」我們很驚奇地發現，在入口的庭院迴廊，竟有美女陪遊客照相。

迎合訪客的美人計

—— 瓜地馬拉·東太平洋

為滿足觀光客需求，出現許多位模特兒，她們穿著華麗清涼禮服，露出馬甲線性感身材，外加彩色羽毛裝飾等，笑容可掬地擺出嬌媚姿態，供人拍照。有些還披掛「XX 選美小姐」得獎的彩帶，這張是她們的合照。地陪還吆喝說：只有在這裡跟麻豆們合照，才不收費喔！

253 蹦出猛男超吸睛

—— 瓜地馬拉‧東太平洋

最後活動要結束前，突然蹦出兩位猛男模特兒，全身戴滿七彩裝飾品，又露出若隱若現的六塊肌，讓人眼睛爲之一亮，很多人都排隊搶著跟他們合照，可眞是人物以稀爲貴耶！

254 聖瑪利亞教會的巧思

—— 瓜地馬拉‧東太平洋

我們路經「聖瑪利亞教會」時，地陪說：「這兩道高牆裏面，左邊是天主教會，右邊是教會學校；當初爲了讓教會的修女不必跨過馬路，讓修女直接走到學校教課，避免跟民衆接觸，所以建立這一道拱橋。」想不到這座實用的拱橋，現在竟變成最美麗的地標囉！

參觀可可粉製法

——瓜地馬拉·東太平洋

這照片是我的好友侯小姐所拍。她們是在自由行程時,到阿蒂特蘭湖遊玩,並坐遊艇去三個跳島觀光,其中有一處是示範將可可果研磨成粉,由一位甜美的女孩,認真地操作原始的研磨器,當果實被輾壓成綿密細粉,頓時香氣散發滿屋,好巧妙耶!

心得:可可營養豐富,可製成可可餅,或用於蛋糕、飲品和巧克力等。

曼薩尼略港口風光

——墨西哥·東太平洋

我們停泊墨國曼薩尼略港,此港具商業、水產業、貿易等功能,是離市中心很近的重要港城,港區有很長的棧橋碼頭,方便裝卸貨物及郵輪停靠;我在岸邊有看到我國「長榮海運」、「中國航運」的貨櫃,頗有一股「他鄉遇故知」的歡欣感。

257

別緻的旗魚雕像

——墨西哥·東太平洋

超美麗造型，成為曼薩尼略「MANZANILLO」港地標，此港位於墨西哥西部太平洋海岸，是一面臨海，三面環山，氣候溫和的避風港，主要從事貨櫃、油輪、煤炭及漁業碼頭等業務，有鐵、公路與外界聯繫。

建議：台灣的基隆或高雄港，可選一項獨特漁產當地標，超有特色耶！

258

華麗的海邊別墅區

——墨西哥·東太平洋

墨國有好幾處著名的海邊度假別墅，這是 LAS HADES 酒店，房間都依照山峰的高度，一層層的蓋上去，視野景觀都能看到大海風光，導遊說，當初設計師把外牆都漆成白色，是為了讓陽光反射後，房屋會顯得更加耀眼炫麗啦。

心得：任何設計產品，都要有新創意，因為亮點才是最大賣點耶！

259 動物園內的大蜥蜴

——墨西哥·東太平洋

在環遊港城市區，地陪帶我們到一家小型動物園，竟然豢養很多好大隻的各種蜥蜴，有綠、黃、橘等顏色，牠們依不同膚色有分吃葷或素之區別，夠稀罕的；我們想靠近看仔細，但又期待又怕受傷害，是很奇妙的體驗。

260 性情溫和不怕生

——墨西哥·東太平洋

園內工作人員逗弄蜥蜴，用香蕉吸引牠爬上大腿啃著吃，看起來性情滿溫馴的，大家才安心地圍觀或拍照，到底是牠已適應生存環境了？或是已受過訓，而失去兇惡本性了？科學家達爾文的「適者生存」法則，動物也適用嗎？

改變：英國前首相邱吉爾說：「人創造環境，環境再創造人」也同理！

261 親眼看見可愛浣熊

——墨西哥·東太平洋

我第一次看到實體的浣熊，原來牠只生長在美洲。浣熊體長約42-60厘米之間，牠們的腳覺很靈巧，用前爪捕獲食物，並把牠放進水中浣洗掉泥沙再吃，因而有「浣熊」的美稱。浣熊是雜食性動物，吃魚、蛙或野果等。我搶拍到這張特寫，有船友還要求翻拍耶！

262 反核運動宣傳大會

——墨西哥·東太平洋

「和平號」總監和墨西哥長官，在「中央廣場」聯合舉辦「反核運動宣傳大會」雙方都發表反核宣言，也有穿插表演節目，獲得群眾熱烈迴響。照片中是雙方貴賓和節目主持人。

263 小創意大助益

——船上·東太平洋

這是裝設在船上8樓的飲水機旁，存取紙杯的直筒裝置，很是巧妙，我觀察很久，重點是在紙杯要掉下的出口處上方，安裝有左、右兩個一組的控制閥，當你輕輕按壓一下，前面白色的按鈕時，它每次都只會掉出一個紙杯，超神準喔！台灣的常會一次掉下兩、三個。

建議：我國有關的廠商，請研究改進吧！但請先查明有無專利權問題。

264 講笑話 學幽默 當笑長

——船上·東太平洋

這是我第二場的公開演講會，算是續集，內容都沒重覆，因爲我已出版四本「大家快來講笑話」是可隨身攜帶的口袋書，內容分類有人間百態、各行各業、急中生智、男女對話等12篇主題。因此可選取的內容還很多。這張是我演講的風采！

聽眾笑得好開心

—— 船上·東太平洋

這張是聽眾聽得笑哈哈的場面。我開場先講「就地取材」的笑話：
1. 知己知彼：張飛的笑話，配合電視正播出「三國演義」連續劇；
2. 酒店笑話：在墨西哥看過酒店，並唸一首打油詩；
3. 地震笑話：配合巧遇「瓜地馬拉」地震。

應聽眾要求合影

—— 船上·東太平洋

會後跟來自各國的聽眾合影留念。並要求親筆簽名；也有幾位船友跟我分享他們國家的笑話，讓我又增廣見聞，收到教學相長的功效，受益很多，很感恩耶！詳細精彩內容請看：

※ 慕凡開講四十一·就地取材笑話 (請看本書第 260 頁)

初次見習穿浴衣

——船上・東太平洋

船方常有介紹各國傳統文化的活動，這次是教導船友學習穿日式浴衣，它是日常和服的一種。需準備的用品有浴衣、細腰帶、角帶、和服內衣、內搭短褲等。這張是船方的廣告海報，吸引大家去參加。

268

美觀大方又優雅

——船上・東太平洋

現場有專家指導麻豆示範，照順序一層一層穿上，並有兩位C.C. 一蹲在地上者，負責同步翻譯成華語，共有 12 道步驟，還蠻繁複的；但是穿起來很典雅，這也是我第一次大開眼界，新鮮又珍貴的體驗。

美麗的和服風采

——船上‧東太平洋

有些船友會購買和服當紀念品，這照片是我的好友，在現場跟著試穿完成，手上再展開一把扇子，表現女性十分柔媚風采，更顯氣質高貴，美呆了！

感想：我也沾她的光，跟她合照留念，快樂分享可增倍耶！

甲板上做體操

——船上

每天早晨六點到六點四十分，在九樓後方甲板上，從事「晨安太極拳」和「海上廣播體操」運動，有太極拳和日本的國民體操，很像我小學時的「課間操」讓大家鍛鍊身體，日本人參加最多，我也有參加。

271 甲板上做日光浴

— 船上

在游泳池四周甲板空間，設有一些海灘躺椅，供人平時或游泳後，可躺在椅上休憩；每天可喜迎壯麗日出，或歡送落日彩霞；夏日可吹吹涼爽海風，冬日就曬曬溫煦陽光。你看！四周只有藍藍的天空和海洋，空無雜物，更無噪音，好清靜、多愜意、眞享福耶！

272 海上結婚典禮

— 船上‧東太平洋

這次旅程中，有三對新人選擇在船上舉行結婚典禮。是在泳池旁甲板上，會場佈置了熱鬧的彩帶、氣球、花朵等，新人穿著漂亮禮服站在旋轉梯上，雙方都洋溢著幸福的笑容。周圍觀禮的賓客也感染了喜氣和歡樂。

273 跟新婚夫婦合照 ——船上・東太平洋

新郎小山徹先生和新娘芳美小姐婚禮後,很大方地跟來賓合影留念。結婚終生大事,能及時把握在藍天和大海的見證下完成,愛情一定是天長地久的,誠摯地祝福他們!

心得:船方會提供海上地點的方位證書,給新人回國後,登記結婚。

274 舉辦慈善拍賣會 ——船上・東太平洋

ピースボート
チャリティーオークション

和平號慈善拍賣會

Peace Boat Charity Auction

商品大都是員工提供特別服務的代價,內容很有創意,像一段獨舞、一個電視表演等,因是慈善義賣,所以拍賣底價都不高,很多人都高價競標以共襄盛舉,所以高潮迭起,場面很熱絡喔!收入將捐助北日本水災受災區。下面舉例兩個拍賣標的物:

享受唯一特權

—船上·東太平洋

¥500～

ホノルル出港時に銅鑼をならす権

在夏威夷的出航儀式上
敲打銅鑼的權利

Ring the gong at the Honolulu
departure ceremony

得標者特別享有「出航敲鑼的光榮機會」這是在此重要時刻獨尊的
特權，因為夏威夷港是我船最後出航站，也是此行圓滿的明證，
這是一期一會的珍貴時刻耶！

感想：這使我聯想起「鑼聲若響」的離歌－鑼聲若響，就要離開
君…。

簽名寶物價值高

—船上·東太平洋

¥3,000～

世界に1つだけ寄港地文字盤、
アンダーソン船長、挾間事務局長、
クルーズディレクター恩田サイン入り

在世界上只有一個的寄港地表盤，
附船長、挾間先生、恩田的簽名

One in the whole world!POC locatoin signboard
(with the date we visited) with the autographs
By captain, Mr.Hasama, and CD Onda

獨一的寄港地表盤，附有船長、挾間、總監的親筆簽名，都是很
寶貝的環遊見證。此次盛會，我也在船上學習到不少英、日語的
拍賣專業用語。這次的拍賣會跟我在盛世公Ｘ號郵輪上，所見商
業性的拍賣會，很不一樣，各有不同的體驗和收穫了！

心得：印證了我演講常說的：處處是教室，時時可學習。

277 海上夏日祭典開幕式

——船上‧東太平洋

「海上夏日祭典」開幕式，竟是吃刨冰比賽；一聲「開始」口令下，竟是一排參賽的美女、帥哥，火速端起桌上的一杯冰品，大口地猛吃下肚，十二月天吃冰還要比誰搶快，當然會糗態百出，引來觀眾開懷大笑，逗趣的開場噱頭，讓大家的情緒，立刻就 high 起來啦！

278 台灣隊表演山地舞

——船上‧東太平洋

船友們把能用的頭飾、腰巾、鈴噹、手環，或可穿、能綁的鮮豔花布、圍裙等通通秀出來啦！她們用功排練，現場又盡情演出，場面十分熱絡，吸引大家的目光，為我們台灣大大爭光耶！

感想：我們平時就要學會些歌曲或舞蹈，以備在各種場合，參與
**　　　同樂！**

279 抬神轎為祈福

——船上‧東太平洋

這是晚場舉行的活動，傳統的日本都是由男士抬神轎，繞行全場
為大家祈福，圍觀的人就鼓掌致敬；我們感受親臨日本當地的氛
圍，很多日本人都穿著華麗和服參加，會場全員都歡天喜地樂陶
陶了。

280 全員盂蘭盆舞大會

——船上‧東太平洋

許多日本船友都盛裝打扮，出席慶典，最後男女都圍繞著圓圈一
起跳盂蘭盆舞，並手舞足蹈齊唱一首名謠，高昂情緒早達沸點了。

**建議：日本人展現很團結的民族特性，值得我們參考。我國是否
也要甄選一首能代表台灣的歌謠或舞曲，在公眾場合一起
表演呢！**

281 祭典室內節目多

——船上・東太平洋

室內節目也有很多種，像這對展演穿和服的模特兒，他們的背後，就是陳列船友剪紙花的成果，另有攝影、繪畫或做燈籠等作品，都是船友在旅遊期間的創作。曾有人每天都畫一張「日出」的水彩畫呢！

感想：正是印證「太陽底下每天都有新鮮事！」的諺語。

282 重拾童年歡樂

——船上・東太平洋

這攤套圈圈節目，主要給小朋友玩的，許多大朋友也童心大發，嘗試「回到從前」的甜美時光；我投出圈圈套住前方的「標的物」功力還滿神準的。你看！正吸引旁邊兩位日本小朋友驚艷的眼光耶！

你下船後想做的事

—— 船上・東太平洋

日本人很重視起毛機「感受、情調」很會營造美好情境的氛圍。像這張大海報，就是請船友自由創作，思考「你下船後想做的事」透露出即將分開的離情。日本人寫的紙條最多，是否她們可能有此好習慣，還是比較熱情參與公共事務呢？

爲你備好書寫用品

—— 船上・東太平洋

這趟旅遊，我觀察到日本文化的體貼、周全的特點，凡事都能爲別人設想，例如爲了讓船友方便寫下心語，他們已先準備好各色紙條、粗細簽字筆、黏貼的膠帶等，讓你很方便使用，就會樂意參加活動。我寫的是：「快樂環球之旅 高興回家團聚。」並拍照以供日後觀摩。

夏威夷風表演秀

——船上．太平洋

因再過兩天就要到夏威夷了，因此先在甲板上暖身一回，舉辦夏威夷風歌舞會，船友身穿熱情的夏威夷服裝，在樂隊伴奏下，載歌載舞，在藍天、碧海間，享受輕鬆、歡樂時光，及時行樂，就在此刻！

感想：現代人交際多，個人要培養幾樣拿手歌、舞的本事，應景嘛！

唱台灣流行歌曲

——船上．太平洋

這是台灣船友丁育老師「自主企劃」的節目，我也熱情邀請各國船友來參加盛會，歡唱一堂，體驗台灣流行歌曲的優美，會中我也跟好友高歌一曲。這也是推動國民外交的好機會。

287 美麗如傘的雨豆樹

— 美國・太平洋

這是夏威夷檀香山「莫納魯亞花園」內，好幾棵「雨豆樹」中最壯麗的一棵，並曾被拍攝成，日本日立「hitach」公司的標誌，所以又稱「日立樹」我們坐 H201 高速公路專程去觀賞，此樹枝繁葉茂，大如撐開巨傘，十分優美奇觀。

288 珍珠港遊客中心

— 美國・太平洋

參觀內容包括：亞利桑納號戰艦紀念館、珍珠港虛擬現實中心、密蘇里號戰艦紀念館、美國鮑芬號潛水艇，和珍珠港太平洋航空博物館等。內容豐富又多元，讓我見識了很多歷史事蹟。

289 亞利桑那號紀念館 ——美國・太平洋

「亞利桑那號」是一艘服役於美國海軍的 3 萬噸級戰列艦，在 1941年 12 月 7 日，日軍偷襲珍珠港時中彈沉沒，艦上 1177 將士不幸身亡。1962 年，一座白色建築物橫跨殘骸之上建成。現在「亞利桑那號紀念館」已成夏威夷最受青睞的景點了。本照片是在看板上拍的。

290 密蘇里號戰艦雄姿 ——美國・太平洋

1945 年 9 月 2 日由美國太平洋戰區盟軍最高司令官道格拉斯・麥克阿瑟上將（General Douglas MacArthur）所主持的，日本無條件投降書簽署儀式，就是在停靠東京灣的此艦上舉行的。當時日本代表是外務大臣重光葵，我國代表是徐永昌將軍。本照片是在看板上拍的。

※ 慕凡開講四十二．永受尊崇的大慈善家（請看本書第 262 頁）

291 最後的出港典禮
—美國・太平洋

這是歡慶最後靠港地，檀香山的出港典禮，是晚間在 8 和 9 樓後方甲板上舉行，大家都爭取要拿著船方所製海報合照。原來在歡樂的時光中，日子過得特別快。最後一次齊唱「出航曲」聲震雲霄。

感想：想起「此地一爲別，孤蓬萬里征。」的離情，竟覺意猶未盡耶！

292 群眾觀賞表演節目
—美國・太平洋

船友聚集在上、下甲板上觀禮，船長和長官們致謝詞，還有表演許多餘興節目，這是離別前的最後歡聚時刻，大家都依依不捨，互道珍重再見，場面十分熱絡溫馨。

※ 慕凡開講四十三．美國夏威夷印象（請看本書第 264 頁）

293 創意的感恩之樹 ——船上・西太平洋

日本人的做事風格，喜歡營造出美妙情調，例如創作這棵「感恩之樹」它是用廢棄紙箱的瓦楞紙，切割成長短或粗細的樹幹、樹枝造型，再黏貼在寬大的木板上；可說是物盡其用，化腐朽為神奇！並用日、華、英文在樹下說明：一起寫下此次旅程的感想，以及感謝的話吧！

294 萬事俱備的設想 ——船上・西太平洋

你看！樹旁的簽名桌，早已備好各種心型色紙、不同顏色的簽字筆及黏貼上去的膠帶，供人方便使用才樂意去寫；最後就構成多采多姿的美麗圖案了。這樣樹上長滿很多大蘋果—心形象徵心聲，正是展示大家的成果，超有型喔！

295 感謝就要大方說

—— 船上・西太平洋

樹上的「心語」是要船友對船上人、事、物等，說出感想或表達感謝，這些回饋的話，是具有非常重大的意義。我寫的是「感謝和平號！ 感謝船友！ 感謝家人！」好像寫日文的人居多，是日本人比較有對人說感謝的習慣嗎？還是比較熱情參與公共事務呢？

296 惜別的再會晚宴

—— 船上・西太平洋

這是由船長主持的惜別晚宴，大家踴躍出席，彼此都互訴離情，依依不捨，並互道珍重，也留下今後聯絡方式。
「天下沒有不散的宴席，今日的離別，是爲了來日的歡聚！」
大家就這樣開心期待吧！

297 跟船長說謝謝

——船上‧西太平洋

晚間的「再會派對」舉辦前，船長又個別跟船友們拍照留念，我並向他深深道謝。船長時常面容溫和，氣質高貴優雅，是一位見過大風大浪的資深舵手，他也常來觀看船友們的活動。真的很感激他。

298 乾一杯香檳酒

——船上‧西太平洋

「再會派對」的會場入口，提供貴賓滿桌的香檳酒，難得能來這趟珍貴的環球之旅，當然要為自己慶賀一番，好好乾一杯囉！更要拍照存證耶！

感想：拍照片好處特多，它能化瞬間為永恆，讓時間停格，青春凍齡，讓你見影思情，回憶當時美好時光，給你快樂百分百喔！

感恩的惜別晚會

——船上·西太平洋

晚會現場氣氛十分歡樂，我在等候時，寫下感恩的心情：
此刻我啜飲著香檳酒，聆聽鋼琴或小提琴，演奏著「小白花」等世界名曲，我何德何能？有幸在此享受歡樂時光；我感謝老天爺的厚愛、父母的栽培、先生和兒女的鼓勵；也要謝謝我自己的努力！

心得：真的很感動，我及時抓住好時機，竟能達成環遊世界的美夢！

船長率首長祝福

——船上·西太平洋

首先由船長致詞，感謝大家的支持和合作！接著就和各部門首長，舉杯向大家道謝和祝福，大家也都用日語大聲地回說「阿里阿多！」
離別不是情感的分散，而是力量的擴張。沒有離別就沒有歡聚。雖然大家都很不捨，也只好彼此這樣期待吧！

301 里地歸回憶演唱會 ── 船上・西太平洋

里地歸先生是日本的作曲兼演奏家，專長演奏二胡。這次很特別的創舉，就是事先徵求船友寫歌詞，描述這次旅遊的感想或心得；然後他再加以整合，創作成回憶歌曲。現場並邀請船友跟他一起表演。舞台上拉二胡的就是他本尊。歌詞內容請看：

※ 慕凡開講四十四．回憶歌曲（請看本書第 267 頁）

302 工作人員娛樂祭 ── 船上・西太平洋

這是在「百老匯廳」舉辦的航程最終回，工作人員「娛樂祭」的歌舞表演。是向貴賓表達誠摯的感謝之意；他們平時工作就很忙碌，還要抽空排練。演出節目豐富、多元，高潮迭起，贏得大家熱烈掌聲；充分表現出他們的敬業精神，令人讚賞和感謝！

303 朝拜新勝寺表謝恩 —日本

在往成田機場歸途中，我們去成田山「新勝寺」參拜，感謝神明保佑我們，此行順利平安。它是日本佛教真言宗智山派的大本山寺廟，以拯救蒼生的「不動明王」為本尊，受到歷史上眾多偉人的敬仰。建於西元 940 年，每年吸引上千萬信眾來參拜，是很重要的文化資產。

304 驚艷楓紅豐收時 —日本

在「新勝寺」表參道上，可以看到許多成田山的特色產品，像各式落花生、多造型羊羹，及真空包裝的醬菜。最讓我驚艷不已的，卻是山上已紅通通的層層楓葉了。就在這個秋收冬藏，最美好的季節裏，我完成了最大的圓夢旅程，真是無限感恩啊！

305 兩人一室海景房 ——船上

2018/05/12

這是我住的雙人型海景房，面積約 14 平方米，床頭有密閉方窗，可觀賞外面海景。房內設備齊全，兩人各有一個衣櫥和保險箱，和多個抽屜，也有書桌兼化妝檯等；電視、衛浴則共用。另有一人一室、四人一室等房型；也有分內、外艙房、海景房或陽台房等區別，收費各有不一樣。

306 房間幽雅舒適 ——船上

房間佈置清爽，牆上掛有風景畫，每天有固定的管家來打理，鋪床單、吸地板、倒垃圾、清洗衛浴等。衣服可晾在浴室，有抽風機會風乾，或請船方代洗，收費低廉。日夜都有舒適空調；生活很便利。

※ 慕凡開講四十五．船友間的人際關係 上（請看本書第 269 頁）
※ 慕凡開講四十六．船友間的人際關係 中（請看本書第 272 頁）
※ 慕凡開講四十七．船友間的人際關係 下（請看本書第 275 頁）

307

簡明的旅程表

──船上

船友劉明桂和郭秀英夫婦，是旅遊達人。在出發前，就精心繪製了這張簡明的行程表，實用又精美；你看！內容有日期、國別、港口、及各國國旗，讓人一目了然，十分值得讚賞；承蒙他們同意，附上給你觀賞，更萬分感謝他們的恩惠！

※慕凡開講四十八. 旅行把黑白人生變彩色 上 (請看本書第279頁)
※慕凡開講四十九. 旅行把黑白人生變彩色 下 (請看本書第282頁)

308

珍貴的團員大合照

──船上

這是結束旅程前約半個月，船方就超前部署，提早拍攝全體團員大合照。我學習到，日本人會提早辦事的好習慣。親愛的船友，你找到了自己了嗎？

心得：這也印證了我母親常說的話：「死不可早，什麼都要早；死不可學，什麼都要學。」

日語老師的感謝狀 ——船上

很榮幸獲頒這張圖文並茂的修業證書，感謝櫻井老師的教導恩惠，其內文由上往下順序翻譯如下：

左邊：早安 午安 晚安
　　　謝謝給我很多回憶
　　　希望能再見面
　　　很感謝你

右邊：日文加油
　　　日本語加油
　　　辛苦妳了
　　　總是充滿笑容跟我打
　　　招呼 謝謝你
　　　＊附有櫻井老師和助
　　　　教們的簽名喔！

310

環遊世界一周證書 ——日本‧橫濱港

上面載明我環球一周的旅程，我們訪問了21個國家，和24個停靠港。航行經過南海、印度洋、曼德海峽、紅海、蘇伊士運河、地中海、愛琴海、北極圈、大西洋、加勒比海、巴拿馬運河、太平洋等。航海距離總長29,594海浬「54,808.09公里」

心得：有完成全部旅程的人，才能獲頒此項榮譽證書喔！
※ 慕凡開講五十‧感謝 希望 祝福（請看本書第 285 頁）

慕凡開講／一

和平號是海上大學 上 日本

【請參看照片第 1-9 張】

　　我是在2018年9月1日，搭乘和平號「Peace Boat」郵輪，從日本的橫濱港出發，經過21個國家，停靠24個港口，用108天環繞地球一周，在12月17日才返回橫濱港，圓滿完成環遊世界的美夢了。並榮獲郵輪公司頒發的一張「環遊世界一周」的證書喔！

一. 和平號郵輪簡介

　　和平號郵輪是以日本為據點的國際公益組織，致力於向世界各國宣揚和平教育、人權問題、裁減軍備、慈善救濟等任務。是一條非以營利為目的的郵輪。

　　它的收費很平價實惠，設施很精簡完備，服務更是親切又周到。更特別的是，在航程中安排有很多的學習、交流、考察、行善等活動，所以，跟一般純以吃、喝、玩、樂為主的豪華郵輪，旅程是完全不相同的。

　　我參加的是第99回航次，船友包括台灣、中國各約一百多人，香港、新加坡、馬來西亞等國，各約三、四十個人，日本人約有九百多人，總共有一千兩百多人，船上服務的員工和志工約有三百多人。大家有緣同搭一條船，很像是小型的聯合國，正可從事國際交流活動；年齡包括老、中、青、幼都有，更有世代交融的益處。

二 . 岸上觀光團很優

　　每次靠岸該國港口時，船方有安排「岸上觀光團」行程，在出國前就先列出及介紹各種不同的景點，提供你選擇報名；我通常只選當地一天來回的景點，因在船上過夜比較安全。船方安排的行程裏，配備有領隊、副領隊、中文翻譯員和當地的導遊；我們隨時可聽地陪介紹當地的人文、史地概況，或逸聞趣事等，頗能增加許多獨特的見聞，而且團體行動時，人身或財物也比較安全多了。

　　不過，也有不少船友會選擇「自由行」行程，他們通常會在事先招募幾位志趣相投的船友，搭包租專車或坐公車，一起去不同景點遊玩，或去逛街購物、吃美食名產、喝咖啡聊是非等，是比較自由、隨興、不受拘束的觀光活動。

三 . 移動的海上大學

　　旅途中航行在大海時，像經過太平洋、大西洋等，我們就要留在船上很多天，但你絕對不會無聊的，船方會企劃許多學習課程，或活動節目，例如語言類就有日、華、英或西語，且都由專業的老師免費教授的。

　　運動健身項目，則備有健身房、健走區、游泳池、高爾夫練習場等，或瑜珈、舞蹈、乒乓球、太極拳班等，更有每天清晨的日式健身操。

　　娛樂、消遣設施設有書報區、居酒屋、麻將區、酒吧等；更有安排各類才藝班或服裝表演會，或邀請各領域、各行業的專家、學者上船來演講，或請音樂家來開演奏會。

　　另有不定期的各類表演會、藝文展、運動會、電影欣賞等活

動，也有配合各國節慶所舉辦的中秋節、萬聖節、夏日祭等慶祝節目。我每天早上一睜開眼，就想：「今天會遇到什麼新鮮事？會認識怎樣的新朋友？或會學到那些知識呢？」頗有一份「苟日新，日日新」的期待樂趣呢！

各種節目、活動和進修課程，可說是琳瑯滿目、包羅萬象耶。它就像船上的短期海上大學，讓我們有玩樂、有學習、有互動、有成長的機會，真是收穫滿滿耶！

四．獨特的「自主企劃案」

更特別是船方有「自主企劃」專題活動，就是由船友主動提出申請，自己要教導、演講或帶動的項目，根據自己的專長，教授船友各種知識、才藝、運動項目等，船方會在每天發行的「船內新聞」公佈日期、時間、地點，供大家選擇參加。而且參加課程都是免費的。

所以船友們，常常在這一堂課是當老師授課，另一種課卻當學生聽課。彼此在學習、交流、互動中成長，十分有趣而且收穫很多。像我自己就曾舉辦過三場「演講會」很受大家熱情參加，還結識不少粉絲，後來都變成好友呢！

所以我說「和平號」就是一所移動、多元又豐富的海上大學。

五．悠閒度假好愜意

　　如果你沒興趣參加活動或節目，或只想享受優閒度假時光，那也是充滿許多樂趣的。你隨時都可到甲板上觀賞一望無際的藍天、大海，欣賞360度的海洋風光，吹拂清涼的夏日海風、或晒晒冬日的溫暖陽光、觀賞滾滾雪白的浪花等。

　　還有！還有！那隨時會讓你意外撞見，而驚喜的不速之客「不！應該是之主」，就是飛躍出水面的各種魚類，有三、五成群的大鯨魚，結隊的中型海豚，也有單兵漫游到停靠港口船邊的小烏龜呢！

　　盤旋的海鳥更是「天高任鳥飛」時常讓你一抬頭就瞧得夠歡喜啦！有鳥友還帶專業攝影機，一路跟拍做紀錄呢！至於絢麗的日出，落日飛滿天的彩霞，更讓你看到滿、看到飽，我自己就賺很多喔！

　　難得有這樣放空一切、自由自在地，肆意享受海上特殊風情喔！如此接近大自然，感覺一下腳底地球的溫度、跳動和呼吸呢！讓你親身體驗到很多生命的新奇、奧妙耶！

　　你也可在交誼廳或休憩區，看書報、玩手機、看筆電或影片等；更可跟朋友談天說笑，或喝咖啡聊是非，喝茶找碴；享受自在悠閒的度假好時光。

　　此外，可到居酒屋享受日式情調和美食，到酒吧喝美酒、交朋友、聊天、開講，消磨許多輕鬆的好時光。船上也有醫師和護

理師，全程照護大家的健康，也有美容院提供各項美髮、美容、保養等服務。

六. 做筆記寫日記

我很積極參加船上的各種課程和節目，也參加全部船方所安排，下船後的觀光景點，總共拍下一千多張照片，並從中選出三百多張較具代表性的作品，就是秀在本書中的照片，並附上旁白眉批，請大家仔細觀賞。

如果您是懷有求知慾和好奇心，就很適合參加，而且可以獲得豐富的收穫。而我是有備而去，所以每天用筆電寫日記，紀錄所見、所聞、所學，和對所接觸的人、事、物的心得、感想、期待、改變或對國人的建議。可說是玩得很忙碌。

因為我下船觀光時，要緊跟導遊身旁，聽解說並做筆記；回到船上要趕快用電腦打日記，否則玩過幾天後，腦海中的印象，就會像船過水無痕一樣啦！

七. 居家可先臥遊

我寫的遊記跟一般專業或導遊所寫的工具書，內容、風格或重點完全不同；在各種現場的情境中，我常會引用詩、詞、歌、賦來描述，好讓讀者更能深刻體會。

我是在樂齡時期才出去環遊世界，在遍嘗生活中的酸、甜、苦、樂後，對社會萬象，或人間百態，都有深入的觀察、品評或領悟，我考察後，也提供了一些對我們國人或國家的建議，以收見賢思齊之功效！

我先帶領你去玩一趟，你居家就可臥遊一番！將來再換你親自去玩，那收穫就會更多啦！

慕凡開講／三

聽老大人的話 東海

【請參看合照第 10 張】

在合照第10張中，她就是我敬愛的簡媽媽，在跟她很多次聊天交談中，印象最深刻的是她教導我兩件要事：

一．保健有妙招

她說：以前曾得過腸胃病，自從醫生建議她：「三餐只吃七、八分飽就好，對腸胃保健很有幫助。」她照著去做到，過了一段時間，果然就不藥而癒了。她以九十三歲的高齡做見證，很令我敬重和佩服，我決定要學她的好做法。她也教我許多親身體驗過的養生、保健方法，我最記得她說：三餐吃得巧，不必吃補藥。

二．要孝敬婆婆

做媳婦的人，應該多多孝敬婆婆，因她是你先生的媽媽，她從生下小嬰兒起，就點點滴滴的呵護、照顧著，很辛苦才把孩子拉拔長大成人，免費送給你做夫婿。婆婆的辛勞，就像是自己的母親養育你一樣偉大，應該要多多孝順才對，以回報她深厚的恩情。

同樣的道理，當先生的人，也要十分孝敬太太的父母親喔；她有舉例說明親身體驗，我聽了很感動和敬佩，這是很簡要的「孝道」很值得我們多加學習和倡導。

三 . 長壽很簡單

　　我在台灣時，曾去參加新北市「石碇生命之歌」讀書會，有一次，回程開車路過一位高伯伯的家，就跟隨同伴順便去探訪。大家相談十分歡喜；高伯伯年輕時，身強力壯，種茶和製茶技術都很高竿，參加比賽時常榮獲「冠軍獎」喔！高先生現已九十九歲高齡，身體還很勇健，每天還自理三餐和生活呢！

　　他分享經驗說：我們要多做好事、說好話，因為「人在做，天在看。」做好事，心情會快樂，快樂就健康；說好話，別人聽了開心，自己也很歡喜。

　　又說：「要常勞動、多運動就健康，不生病才會長壽；要多喝開水或茶水，不要喝加工飲料。」這是過來人的智慧結晶，我要努力去遵行，並且多加宣揚出去。

四 . 人人皆我師

　　偉大科學家愛因斯坦曾說：

　　年輕人要多聽老大人的話，不是他知道比我們多，而是他犯的過錯比我們多。

　　人人皆我師，我因參加旅行或外出活動，才有機緣當面聆聽過來人的真心話，特別記下跟大家分享，我們若能從善如流，跟著照樣做到，那就很有福報了！

慕 凡 開 講／四

新加坡新鮮事　新加坡

【請參看照片第 15-23 張】

　　在照片第22張中，所提到金沙酒店要興建時，新加坡政府所提出的條件就是：

一．約法三章簡要內容：

1. 營收所得淨利的一半，要回饋給本國「新加坡」─可嘉惠本國經濟。

2. 除非不得已像高階專業主管外，員工要聘用本國人─照顧國內就業人口。

3. 興建人工「超級天空樹」原來只是當酒店的後花園，現已成當地景點地標了。

　　這是導遊大概分享的話，很值得我們國人或機構，辦理外資來台投資，談合作條件時的參考。若欲了解詳情，請上網再多去深入查證。

二．特別的違規或法律：

1. 嚼口香糖或販賣、走私該商品，胡亂塗鴉，破壞公共設施，刮傷別人車子，都是要遭受處罰，嚴重的還動用「鞭刑」呢！

2. 亂丟垃圾、隨地吐痰，被抓三次後，就要被處罰，並穿上寫著「我是垃圾蟲」背心外套，在街上掃地。

3. 馬路上、公共場所等，不可亂唱歌、大吼、大叫、大笑；不可

隨意擁抱別人，否則都是違法的。

4.隨便罵有侮辱女性尊嚴的話；父母不當管教孩子而構成「虐待」
　事實，都要受罰。

5.商店使用假秤「秤重不實」就是偷吃斤兩。在公共場所停車不熄
　火，都要罰款。

6.公共場所給人惡作劇、造謠生事、上公廁沒沖水，都要受罰
　的。

　　新加坡是一個執法很嚴的國家，到處都有警察取締違規事
項，也廣設有錄影機或監視器攝影，所以國民都很守法。外國遊
客更要嚴守法規，所謂「入境問俗」嘛！才能玩得開心。

　　以上舉例是我讀旅遊書上，或車上的導遊所介紹，僅供參
考，欲知詳情，請讀者再進一步研究。

慕凡開講／五

搭乘郵輪環遊世界條件 上 船上

最近幾年台灣很流行搭乘郵輪旅遊，主要是不少郵輪公司，要來開發台灣客群市場，常常會在基隆靠岸攬客。形成一股流行旋風，通常是幾天或幾十天不等的短程，但像我是環遊世界108天之久的，目前台灣卻只一家代理商。很多人問我，長途搭乘郵輪旅遊，需具備那些條件，我且提出一些看法或心得，供大家參考。

一. 必須具備的主要條件：

1.有體力──有健康身體

就是要有健康的身、心。眼能看、耳能聽、腳能走才方便；也要沒罹患具有致命危險疾病的人。體力是可在參加前就預先多鍛鍊提升的，像我是在出發前半年多，就運用快走、慢跑或爬小山，加強腳力、體力和心肺功能訓練，成效滿好的。

2.有財力──有充足旅費

就是要有足夠旅費。一般人都是有點積蓄或有些閒錢才會去參加，也就是花掉這筆旅費，不會影響日後的生活費或養老金，才捨得去玩。不過，也有一位大學教授，出發前曾先跟親友借了40萬台幣，回國後，才要用退休金分兩年攤還的。

其實，交給船方基本的食、宿費用和船方安排的「岸上觀光」旅費，我自己只花費約一百萬台幣。

3.有時力 ─ 有長程時間

　　時間也是一種能源、力量。有時間才能去做想做的事：旅程長達3個多月，必須有一大段時間空檔，才能成行。這次船上就有一位女醫師，因臨時有急事要辦，在船剛開走只幾個停靠港，就要下船離開，搭機趕回台灣了。真可惜！

　　一般都是從職場已退休的人；較年輕的上班族，則是請特休、長假或留職停薪等；也有趁轉職空檔，把握工作的空窗期來參加的。甚至也有乾脆辭職來參加的─他笑說是把老闆fire掉的；也有自由業者，像醫師、律師可請人代班。

　　以上金三角要件缺一不可。若缺一項，就很難圓夢了。

二.下列八個次要條件，也很值得參考：

1.有興趣

　　就是喜歡旅行活動的人，他們對世界上的人、事、物等，都充滿好奇心或求知慾，很想多認識、多了解新鮮事。不過，興趣是可以培養的，你可以先從短程的旅遊開始，一但食髓知味，嘗到美妙甜頭，就欲罷不能，樂在其中了！

2.想得通

　　自己努力賺的錢，拿一些來遊玩、享福氣，也是理所當然的事，這樣想的人才能成行。台灣諺語說：「**錢是公家的，福氣的人用卡多**」有錢但捨不得花用的，或想留給兒孫買房、買車的，想存更多錢才有安全感的，這些看不開、捨不得的人，是不敢去追求自己的美夢的。

尤其是年長的人，有人說：

你花掉的錢才是財產 ─ 自己用，花不掉的錢就變成遺產 ─ 給別人用。

子孫如果賢能，他自己就有能力賺錢，並不需要你留給他；子孫若不成才，你留給他再多錢，遲早也會被他敗光光的。想得開的人才能自己享福去。

3.放得下

我母親常說：「工作跟人一樣長。」意思是說，人活著就會有事情要做，有許多責任要承擔。但總不能都被這些事綁架一輩子啊！像我要當妻子、媽媽、主婦、婆婆、奶奶、外婆等數要職，也要從事寫書、演講、當義工等工作。

每個人永遠都有各種身份或角色要扮演，那有空閒做自己想做的事呢？惟有勇敢地下定決心，撇下身分、角色或責任，才能走得開啦；不過，也要事先做好安排、規劃，才能安心、順利成行的。我很欣賞這樣的話：

沒有你，地球明天還是一樣在轉動，太陽明天還是照樣會升起的。

你的身份、地位、角色或工作，絕不是像你想像中那麼重要，非你不可的。暫時撇下一切牽掛啦！開心去做自己、寵愛自己一次。你才會預見更美好的未來。

慕凡開講／六

搭乘郵輪環遊世界條件 下　船上

4.走得開

　　每個人常是身兼數要職，要工作、有家庭、當父母、做兒女的，各有本份或職責要承擔，形成一個縱、橫交織的網絡，但總不能這輩子就這樣被纏住不休啊！還是**要努力安排，找個天時、地利、人和的好機會，好好寵愛自己、犒賞自己這輩子的辛勞，人生才值得呀！**旅行就是藉著「改變環境，轉換心境」跳脫忙碌的生活常軌，過一段輕鬆、悠閒又自由的日子。

　　我們船友中，就有一對夫妻，原本一直幫女兒帶小孫子，這次是趁女兒申請第二胎的育嬰假期，把孫子還她自己帶，趁機把握空檔，趕緊來參加的。又有一位年輕的復健科醫生，他把握轉換職場的空窗期，延後報到時間，趕來參加圓夢的計畫。能及時放得下手頭上的事，勇敢地走開，才有機會享清福去！

5.能獨立

　　我們台灣人，這次參加的一百多位船友，約有七成是單獨來的，一部份是未婚男女，也有不少是沒有配偶同行的。尤其是當了媽媽或婆婆的女性，通常都是平日在思想、感情或行動中，**能夠獨立自主的人，她們認為，沒伴「伴侶」也就沒絆「牽絆」啦！樂得單身逍遙遊。**以前跟先生一起出去玩，只是當王后，現在自個兒來玩，才是當女王，一切全由自己當家作主耶！

6.愛交友

喜歡認識新朋友的人,每個人都像一本書,值得你去詳加閱讀,多認識或結交益友,才可增廣見聞;**朋友就像一扇窗,他讓你看到不同的風景。**像我就結交很多各類的良師益友。

能合群、隨遇而安的人是比較適合的人,千萬不要隨身帶四隻獅「台語是東西的西」就是「嫌東嫌西、罵東罵西、念東念西、氣東氣西」旅遊團是群體生活,是需要大家一致配合行動,有禮貌、多讚賞別人、不愛計較、不亂批評別人的人,才能結交到好朋友。

7.喜成長

我們搭的這條郵輪是一所移動的海上大學,有很多課程可免費讓你選修。像我決定要搭乘這條日本船,就提早在八、九個月前就去補習日語,參加會話、觀光及日語歌等班,先自己打好點基礎,到船上再進修,學習就會更快接軌的;英語是國際共通語言,我也用功溫習一些觀光用語;不過,如你沒時間或沒興趣,也是沒關係啦,船上有華、英、日語等翻譯志工,可隨時幫忙你的。

還有許多各類的課程,像運動類、娛樂類、才藝類等。也有請專家來演講單一主題或系列性的演講會。更有「自主企劃」的節目,船友既是學生,也可當老師;所有課程都是免費參加的耶。這些學習活動讓你收穫滿載,也讓你忙得沒時間想家,樂不思蜀啦!

8.愛自己

寵愛自己,就是慰勞、犒賞自己,做自己想做的事;在旅途

中，你是真正做自己，為自己而活的人。尤其是媽媽、主婦們，因為你是當女王，三餐飲食有人為你準備，吃過飯拍拍屁股就走人；房間有管家專門替你打理，衣服也可送洗；可說僕從如雲，侍候貼心周到；你可為所欲為，你可自由自在活動，無牽無掛的做自己；比女王更像女王耶，因女王還要管國事，我們卻連家事都不必管！

以上純屬個人心得和意見，主要條件必備外，次要條件能做多少算多少，做不到的就算了，不必太在意啦！反正是出國去玩一趟，享受無憂無慮，開心做自己的假期，不必一定要有多大收穫，歡喜就好！

慕凡開講／七

力拚國民外交　紅海

【請參看照片第 30-34 張】

　　在這三張照片中，就是我接受船方主播恩田夏繪小姐唯一專訪的電視畫面，主要是用英語，也有簡單的日語交談。直到訪談結束後，我才驚覺，我倆竟只顧開心對話，一直有說有笑的；竟把她帶來的翻譯員，晾在一旁，完全是「英雄無用武之地。」真是對她很不好意思，只好頻頻跟她說「很抱歉啦！」

　　這段專訪的內容，是跟著當天每一小時，在電視播出的重要新聞，重複播出一整天喔！有很多人都看到了，一位船友跑來跟我恭喜道賀後，我才趕緊回房拿相機，從電視螢幕裡捕捉這幾張代表性的畫面。她手持的可愛人頭圖像，是「和平號」專用的麥克風造型。她也是船上擔任要職的「航程總監」耶！

　　我很歡喜，甚至也引以為榮，能夠在這小型的聯合國裏，有機會讓我們台灣的名字充分曝光，讓大家認識台灣婦女的風采，也算是略為善盡一點國民外交義務。有船友看我跟總監對答如流，還誇讚我的外語表達能力呢！

　　還真想不到，我學了幾十年潛藏在腦海的英語，竟在這時候被充分激發出來應用了；由此可見，年輕時用功讀書，還是非常有用處的。這是我因這件事，獲得的很深刻的體悟。我忍不住要告訴讀者，趁著腦力好、記性佳時，多努力學習各種知識或技

能，這輩子都有機會派上用場的，也就是現在最流行的「斜槓生涯」。我這次的體驗，就是明證啦！我熱心提供的感想和建議，信不信就由你啦！

　　有關精彩的對話內容，已在照片下方的旁白說明了，請參看一下囉！

慕 凡 開 講 ／ 八

賺得風物未曾知　船上

　　我在上船出國前，一直是使用「賢慧型」手機，而不是現在常用的「智慧型」手機，本來也想去買一支，但因趕忙要完成校稿，我寫的三十多萬字的自傳，怕萬一出國有意外，好交代家人務必幫我出版。所以也沒時間學，最後也就看開而放棄了，所以我是極少數沒帶手機出遊的人。

　　我當時心想，家人都已成年了，應該會處理自己的事；反正，有事她們自己能夠負責；我遠在國外，擔心也沒用。我也樂得放下日常的種種牽掛，輕鬆自在逍遙遊去啦！

　　果然，我的抉擇是對的，我發現每次船靠岸到陸地觀光時，大家都忙著問導遊免費的wi-fi密碼後，就拼命打手機，聯絡海外各地家人、親戚、朋友、同學、鄰居…等，話匣子一打開，就像水龍頭關不住一樣，你聽：

有叮嚀的： 寶貝，早餐一定要吃喔！狗大便要記得清理耶！

有問答的： 妳人現在哪一國？好不好玩啊？有沒有什麼艷遇啊？

有遊說的： 同學會要趕快開啦！叫你大嫂這次選舉要投給某某人喔！

　　無奇不有的對話，大家比大聲、比高調；根本無心好好吃頓飯，仔細欣賞風景等。有人還帶筆電，在車上猛看台灣帶去的連續劇，白白錯過了，欣賞沿途美麗的異國風光呢！

　　我沒有手機，心無二用，才能活在當下，好好享受此時此地

的美景、美食或趣聞等。

記得朋友曾傳一段妙文給我，內容深有同感：

天將降大任於斯人也，必先關其電視，封其臉書，收其電腦，奪其手機，使心無所亂為，始可認真生活。

好個「認真生活！」我們雖沒擔當什麼大任；可是這趟旅程是為犒賞和寵愛自己，也花費不少時間和旅費，就應該放下一切俗務瑣事，專注地享受當下停、看、聽的樂趣吧！

慕凡開講／九

蘇伊士運河故事 蘇伊士運河

【請參看照片第 42-46 張】

蘇伊士運河(Suez Canal)，是位於埃及西奈半島西側的蘇伊士地峽，兩端是在地中海的塞德港和紅海的蘇伊士港，連通紅海與地中海，使大西洋、地中海與印度洋聯接起來，大大縮短了東西方航程約5千到8千多公里。是連結歐、亞、非三大洲的主要國際海運航道，更是全球少數具備大型商船通行的無船閘運河。

一．感謝開疆眾英雄

蘇伊士運河是埃及的重要外匯收入，每年約25,000艘船隻通過蘇伊士運河，占世界海運貿易的14%左右。全長約163公里。始建於西元1859年4月，開航於1869年11月，耗費很龐大的心力、人力、物力，為了克服沿岸許多天險危況，更犧牲很多開疆闢土的無名英雄；歷經許多艱苦和挫折才開鑿完成。**正是應證了「前人種樹，後人乘涼」的諺語，我們在享受前人貢獻的成果時，更應該要萬分感謝奉獻的前輩英雄們！**

我們是從9月21日到24日間進入紅海、亞丁灣海域，那是一段最驚險的航程，因過去常有索馬利亞海盜伺機來搶劫，他們是由失業的軍人、船員、漁工等組成的，人數都只有三、五個，頂多十來個而已，但手腳動作卻俐落凶狠，並擁有槍枝等攻擊武器。不過，船方事先有安排三條日本軍艦，環繞在我船四周，陪伴及保護我船順利前行的。

二．海盜劫船始末

　　他們鎖定海上搶劫目標後，往往趁著黑夜，就悄悄開著小船靠近大船，他們先用一條粗大繩索，前端綁著一個粗大鐵勾子，用力拋向船體勾住船緣甲板，再以另一頭握著的大繩索，擺盪身軀攀進船艙內，以迅雷不及掩耳之快速，就直接闖入駕駛艙，控制住船長等船艙內工作要員的行動，如此就算劫船成功了。

　　隨後，立刻向船東勒索巨額金錢當贖金，經過繁複的討價還價，雙方才談判成交，並確定拿到贖金後，海盜才肯把壓寨的人、船放行。

　　船上變成人質的船員或乘客當然會緊張、害怕；不過，只要順從他、聽命令、不反抗，他們是不會傷害你的，海盜所要的是財物或船東的贖金罷了。

　　我船在進入紅海、亞丁灣海盜區。那幾天心情緊張和矛盾交雜著，又期待看一下海盜真面目，但又怕見了會受傷害耶！

　　不過據說，現代先進設備的輪船，已裝有防海盜的預報監視器了。

三．感恩、說謝和祝福

　　直到24日傍晚船長廣播說：

　　下午5點，保護我們安全的日本軍艦任務已達成，他們會繞我船一圈，要向我們道別和祝福，希望船友能到甲板來送別並致謝意！

　　大家聞聲紛紛跑到8、9、10樓的甲板上聚集，當三條軍艦繞行靠近我船時，可清楚看見艦上的官兵整齊列隊站在甲板上，向我們行舉手注目禮，同時放送日語廣播說「此次任務已完成，祝

福大家旅途愉快，再見！」

船友們也賣力揮手並頻頻大喊「阿里阿多！」；我船送出三聲震耳的響螺道謝，對方軍艦也回送三聲，我船再回送一聲，如此就完成兩船間的辭別溝通對話了。

最後，大家都猛揮雙手說：「莎呦哪啦！」目送他們功成身退地踏上歸途；在那兩方交會時互放的滿腔熱情，場面很令人十分感動！真是「**此中有真意，欲辯已忘言**」了，這是一期一會的邂逅，很值得這輩子回味和分享。

萬分感謝日方軍艦的保護，感恩並祝福他們一路順風踏上歸程！

也感謝我們船方船長和工作人員的辛勞，才能有驚無險地，順利渡過這一段新鮮又奇特的旅程。

四 . 努力能化夢境成實境

我感到很意外和驚喜，我竟然能把學生時代，地理課本中所讀到，有如遙遠夢境般的蘇伊士運河，變成展現在眼前的真實情景。歡欣之際，也領悟到原來「美夢成真」並非只是幻想的事；只要有努力求上進的精神，時時提升自我的能力，再加上百折不回的決心，美夢終究是可以化成真實的！

慕凡開講／十

美食佳餚任君挑 上 船上

【請參看照片第 47-48 張】

　　曾有不少人問過我，船上餐飲好不好？會習慣嗎？是中菜還是西餐？

　　我現在解說如下：

　　我介紹的主餐廳，是位在四樓中央區域，每天供應早、午兩頓自助餐，是由日、中、西式混搭而成的。有固定分好幾個選菜區，菜餚有：

一．生菜沙拉區

　　常有高麗菜有分白、紫兩種、苦瓜、萵苣、紅蘿蔔絲等4-5種，調味醬汁有美乃滋、青島醬、和風醬、油醋醬。

二．主食區

　　飯類：白飯、炒飯，麵類：炒麵、麵包等。也有附兩三種小罐裝的芝麻粉、海苔粉、鮭魚粒，酸梅粒或醃泡菜，供人隨意調味。

三．主菜區

1.肉類：肉片、肉塊：牛、豬、羊輪流變換，肉丸、培根、雞翅、烤雞腿、德國香腸等。

2.漁類：有喜相逢、秋刀魚、各種魚片等，分炸、烤、煙燻等多種。

3.**蔬菜類**：常由三、四種菜混和拌炒，例如洋蔥、蘆筍、馬鈴薯、紅或黃椒、玉米筍、紅蘿蔔等根莖類較多—因船航行途中，葉菜類較不易保鮮。也常有各式甜不辣。

四．湯類區

海帶豆腐湯、味噌小魚湯、甜菜蛋花湯等。另有供應需自費買單的啤酒、飲料。

1.**早餐**：有供應米飯類：稀飯、菜粥、白飯、胚芽米飯；及燒賣、水餃、小籠包或小饅頭等麵食類。也有兩、三種西式吐司麵包，搭配草莓或橘子果醬。

2.**飲品類**：豆漿、牛奶有分冷、熱；另提供果汁：水蜜桃或柳橙汁等，也有白開水等。

五．水果區

有香蕉、木瓜、西瓜、橘子、哈密瓜、葡萄柚等水果，每天輪流供應一種，隨你吃到滿足，但只限早餐才有。

早餐時間固定在6：30到8：30，但會因隨靠港行程時間而機動調整。每天有一女兩男共三位音樂家，輪流演奏各種鋼琴名曲，陪伴大家用餐，氛圍很輕鬆、愉快又美妙，我都盡量選坐鋼琴旁邊，才可看得清，聽得明，感覺幸福滿點喔！

慕凡開講／十一

美食佳餚任君挑 下　

六．服務生帶位入座

　　每個人選好盤菜後，會由服務生幫你端著餐盤，並帶領你到還有空位的餐桌就坐；有10人的大圓桌或4到8人不等的方桌，船方的善意安排，是希望藉由同桌吃飯，才有機會認識陌生的新朋友；一桌坐滿後再開另一桌。也方便餐後的整桌收拾，和翻桌率的考量吧！可收一舉數得的效益吧！

　　晚餐則是日式套餐，盤菜在開飯前，服務生已準備好擺在桌上，每人一大盤，內有各種肉類、魚類及青菜、碗湯，還有一、兩小碟日式醃製開胃小菜等。也須由在入口等候的服務生帶位入座。

　　餐廳裏服務的男女人員非常多，大多是黃、黑種人，三餐飯後，他們還會逐桌詢問每個人，是要喝咖啡或日本紅茶，然後再倒給你享用，服務態度都十分親切、周到、有禮貌，我們都一再跟他們說「Thank You！」或「阿里阿多！」因來主餐廳用餐的船友較多，所以是固定有分開兩個時段，不同梯次來用餐的。

七．另有兩處不同餐廳

　　此外，在九樓中央「麗都」也有一處日式簡餐，供應各式燴飯或拉麵、蕎麥麵，並附有青菜沙拉及湯類等。

　　在九樓後方右側又有一家「全景」西式簡餐，供應漢堡台、漢堡肉、現炸薯條及沙拉吧等。每天早上6-7點，還有供應免費的

「晨間咖啡」。

以上三個餐廳都是在固定時段免費供餐的。你每餐要去吃一家、兩家，或三家餐廳都可以，都可無限量供應。若你只要挑那家餐廳的那一道菜也行，想多吃哪道菜也可再去多拿幾次，全都讓你吃到飽、吃到滿足就是啦！

菜色多樣化、多變化，而且新鮮、衛生、營養，清淡、可口又養生。

八．公佈食譜供選擇

船方每天都會在8樓左舷牆上，定時定點公告當天各餐廳的菜單，還附有「卡路里」熱量多少的營養標示，提供大家選擇享用。有些人常會去參考看看；而我都隨遇而食，不想先去看食譜，保留一份新鮮的驚喜感，每餐都吃得十分歡喜和滿意耶！

九樓後方左邊，另有一家「波平海上居酒屋」是自費買單點菜、點酒的餐廳，是額外享受日式美食，或請客、應酬的好去處，生意滿熱絡的耶！

九．下午茶是聯誼好場所

九樓後方右側餐廳，每天下午3到4點鐘，也有供應免費的「下午茶」提供蛋糕、餅乾、甜點、咖啡、紅茶等，大家可聚一起喝咖啡聊是非，或喝茶找碴，也別有一番交友情趣啦！

我很少去享用，一來因工作很忙，每天要複習日、英語功課，閱讀下一次景點資料，打電腦寫日記，或參加各種活動；二來怕多吃會發胖，避免「賺了錢財，賠了身材」啦！

慕凡開講／十二

希臘雅典傳奇 上　希臘

【請參看照片第 49-59 張】

　　希臘是西方文明古國，雅典是一座歷史悠久的古城，有關他們特殊的歷史故事，再多介紹如下：

一．帕特農神廟

　　我們參觀帕特農神廟古建築群時，此地原是長年晴空少雨，那天卻突現颱風來襲，所以雖然風雨交加，我們卻是風雨無阻，腳趾緊緊抓住著，那上千年磨損又濕滑的石板路，雨水沖刷雨衣如傾瀉瀑布，卻更堅定我們勇往朝聖的腳步，你看到就賺到了，把握此生一期一會的機緣嘛！

　　修建中最著名的帕特農神廟，結構保存著幾種不同的顏色，地陪說：

　　土黃色是兩千年前興建的，白色是近年新補蓋上去的；不過，現在的白色，兩千年後也會變成黃色啦！到那時候，在這裡觀賞古蹟的人，當然也換成別人了，絕不會是你和我囉！

　　地陪風趣的解說，也應證了唐朝李白的詩句：

　　今人不見古時月，今月曾經照古人；

　　古人今人若流水，共看明月皆如此。

二．西方哲學之父

　　在雅典衛城參觀眾神廟時，地陪另指著神廟群山下右方一處

說：那裏就是希臘大哲學家蘇格拉底，常跟學生討論人生哲學的「市場」其實就是當時的「民衆活動中心」啦！

※蘇格拉底留給世人的名言是：

1. 認識你自己。我只知道我「一無所知」。

2. 教育不是灌輸，而是點燃火焰。

3. 男人活著全靠健忘，女人活著全靠不忘。

4. 世界上最快樂的事，莫過於爲理想而奮鬥。

5. 好的婚姻可給你帶來幸福，壞的婚姻則可使你成爲哲學家。

三．哲學家的傲氣

有一次羅馬的亞歷山大大帝，得知雅典城內有一位很有名的哲學家，就去訪拜訪他，那是犬儒學派的宗師戴奧眞尼斯。

這時哲學家正泡在木桶水中作日光浴，享受著晒太陽的舒服感，大帝走到他面前，高傲地問他：

你需要什麼嗎？我都可以給你！

戴奧眞尼斯也沒正眼瞧他一下，只不屑地回答說：

請不要站在我面前，那會遮擋住我溫暖的陽光－

Stand out of my sunlight.

後來這句話成爲歷史名言。有此可見，在哲學家眼中，有些很珍貴的東西，就連貴爲帝王之尊的人，也給不起的。

四．潘朵拉的盒子

　　潘朵拉的盒子「Pandora's box」是來自希臘的神話故事。根據傳說，潘朵拉的魔盒，是希臘神話中的一件物品，當時天神宙斯送給潘朵拉這個密封的盒子，要讓她送給娶她的男人。裡面裝滿了禍害、災難和惡疾等。宙斯曾要求潘朵拉不可以打開偷看。

　　後來，潘朵拉敵不過好奇心的驅使，趁丈夫外出時，偷偷地把神秘盒子打開來看，當她打開那個魔盒時，裡面竟釋放出許多人類惡習和惡疾，例如貪婪、虛偽、誹謗、嫉妒、痛苦和疾病等禍害。通通跑出來散播到人間了；使原本寧靜的世界，開始動亂不安起來。

　　她一時嚇壞了，在慌亂中趕緊蓋回蓋子，結果盒內最底層，只剩「希望」沒飛跑出去，永遠鎖在盒子內。因此即使人類不斷地受苦受難，希望都不會消失的。

　　從此以後，「潘朵拉的盒子」在西方世界中被指為災禍之根源，用「打開潘朵拉盒子」表示引起種種禍患。

五．奧林匹克運動會

　　地陪在車上沿途指出雅典城很多處，都是「奧林匹克運動會」會場舊址。古代「奧運會」源起於希臘雅典祭獻天神宙斯的「奧林匹克競技會」，每四年一次，最早記載是在西元前776年。

　　現代「奧運會」的復興是在1896年，重現於希臘這個奧運會發

源地的雅典，並且經過百年多的發展，現在「國際奧運會」已成為全世界最大的團體組織，目前更擁有超過200個會員，競賽的項目也更豐富和多元了。

奧運會五環相扣徽章，是代表地球五大洲 — 藍是歐洲，黃是亞洲，黑是非洲，綠是澳洲，紅是美洲，第六種的白底色，是各國可通用的。比賽會期規定不可超過16天。最早的口號是「更快、更高、更強」2021年東京奧運會又加進「更團結」。

六 . 馬拉松長跑競賽

馬拉松「marathon」是位在距離，雅典東北方約40公里處的村莊地名，因一場在此地發生的，波斯帝國和雅典城邦的激烈戰爭中，雅典人以寡敵眾，意外地獲得最後勝利而著名。

當時為了讓故鄉的同胞，盡快獲知勝利的天大喜訊，那時的米勒狄統帥，特別派遣一位叫飛迪皮次的士兵回去報佳音。飛迪皮次為了讓家鄉人盡快知道好消息，就傾全力拼命地飛奔衝刺，當他跑到雅典時，已是精疲力竭了，只拼出最後一口氣奮力地斷續喊道：

「歡樂吧！雅典人，我們勝利了！」說完，就倒地不起，壯烈殉職而亡了！為了紀念這次「馬拉松戰役」的感人事件，在1896年舉行的現代第一屆奧林匹克運動會上，

就把「馬拉松」長跑，列為正式比賽項目，把當年飛迪皮次，為送口信奔跑的42.195公里路程，作為賽程的距離。

由於要跑完標準路程的長度，需要高度的體力、耐力及長時間才能完成，因此現在「馬拉松」一詞，也成了費時、費力或堅持到底的代名詞了。

慕凡開講／十四

阿爾巴尼亞的故事　阿爾巴尼亞

【請參看照片第 60-66 張】

　　阿爾巴尼亞位於南歐巴爾幹半島上。自古以來，阿爾巴尼亞就常受到臨近其他民族的侵略和統治。1991年開始獨立並改名為阿爾巴尼亞共和國。我很歡喜能夠親臨這個在歷史教科書中，所說的「巴爾幹半島是歐洲的火藥庫」真是作夢都沒想到的驚喜耶。

一．歷史文化特色

　　有「山鷹之國」美稱，歐洲唯一回教國家，又曾是全歐最危險和最貧窮國家。歷史上先後被多國統治，故擁有融合古希臘、古羅馬、保加利亞等特質的文化古國。但近年來，政府已有改善，並致力於發展文化、古蹟、宗教的觀光景點，成效頗佳。著名景點有獲得「千窗之城」著稱的裴拉特白色小屋，及彼得雷拉城堡等。

二．德雷莎修女事蹟

　　世界聞名的偉人德雷莎修女「Mother Teresa」就是阿國的人，她跨越種族、語言、文化等障礙，無私奉獻自己的博愛給許多貧困或生重病的人，贏得1989年的「諾貝爾和平獎」殊榮。

　　地陪說：市區內設有一個「德雷莎修女公園」紀念她。就連國際機場，都以她的名字「德雷莎修女機場」命名，不僅以她為榮耀，更能提升阿國在國際間的知名度。她往生後葬在印度，現在

阿爾巴尼亞政府要求歸還葬回祖國，看來後續還有得爭搶呢！

※德雷莎修女的名言：

1.貧窮並不是上帝造成的，而是當你不願跟別人分享我們所擁有的。

2.除了貧窮和飢餓，世界上最大的問題是孤獨和冷漠。

3.寂寞和不被需要的感覺是最悲慘的貧窮。

4.愛的反面不是恨，而是冷漠。

三．珍貴的旅遊分享

　　我回台灣後，有一天在看電視影集：lifestyle，主持人是一位著名外國廚師，這次剛好訪問及介紹「阿爾巴尼亞」的料理，他很博學又幽默，說了2個阿爾巴尼亞的諺語：

**　　早起的鳥兒有蟲吃、第二隻老鼠才能吃到乳酪。**

　　我兒子剛好回家，就跟我一起觀賞該節目，我藉此機會跟他分享，我在阿國吃羊排的驚喜，及看歌舞團的驚艷等，美妙又新奇的歷程，他聽得津津有味，也謝謝我的分享。

　　還有，我今天才知道原來第一個俗語，是阿國人的諺語；兒子也跟我解釋第二個諺語含意。母子交談很開心。由於有這次旅遊的經驗，竟意外帶來了我們親子間新鮮話題，這是多賺到的附加價值耶！

慕凡開講／十五

隨機講笑　阿爾巴尼亞

【請參看照片第 60-66 張】

　　參觀阿爾巴尼亞市集時，我們看到有人賣「阿拉丁神燈」我藉機跟同行的劉先生夫婦，講一個笑話，他倆聽後，笑得很開心耶。我再說一遍跟你分享：

　　有一對70歲的夫婦，慶祝結婚50周年，會中「阿拉丁神燈」的巨人，也現身來湊熱鬧，他把神燈一擦，巨人馬上出現並說：

　　「親愛的主人，請許一個願望，我會幫你實現的。」

　　女主人馬上說：「我要去環遊世界！」於是，她如願獲得那份大禮。

　　換男主人說：我要一位年紀比我年輕20歲的女人當太太。

　　巨人再一揮手，馬上把先生變成一位90歲的老公公。這樣倆人就相差20歲了嘛！

　　他倆聽後哈哈大笑起來，我們一路又談論下去。

　　劉先生說：早知道會這樣，當初就不要買神燈就好了。

　　劉太太說：誰教那位先生自私又貪心，想要有年輕的太太。現在他新太太，說不定反而嫌棄他太老啦！

　　我笑著說：這叫自作孽不可活，做人千萬不可存壞心眼喔！

　　旅遊途中，隨機緣講幽默笑話，讓大家開心歡樂一番，是我的興趣和專長，也很受歡迎耶！

慕凡開講／十六

克羅地亞紀行　克羅地亞

【請參看照片第 67-68 張】

　　克羅地亞現在是一個獨立國，史上歷經許多列強統治過，包括拿破崙帝國等。雖是有加入「歐盟」但因經濟因素，至目前並未使用歐元，而是自己鑄造錢幣叫「庫那」一百多元「庫那」才換得一歐元。

　　可見世上雖有區域性的什麼公約、聯盟組織，但也常有例外的。

一. 東西文化交流

　　我們參觀的「杜布羅夫尼克」老城區，看見攤販中，有一美女在賣紀念品，她穿著當地傳統服裝，其胸前有一大片黃、紅刺繡花朵做裝飾，地陪說：「那種刺繡是清朝時，義大利人馬可波羅從中國帶回來的。」可見，當時東西文化產品，民間早已有交流融合了。

二. 古城吸引觀光客

　　城裡處處是古蹟、城堡，但一樓都已改成賣場的商店街了，商業掛帥，古蹟只變成吸引人潮的噱頭罷了；教堂也很多，有一個叫「聖母升天教堂」最有名，我們要進去參觀，還得先申請，再等候被帶到指定座位區，可見有多熱門耶！

三. 政黨輪替的起源

　　走過老舊的市政廳旁時，地陪說：當年法國拿破崙統治時

代，派任的市政首長，必須要每三十天就換別人做，因為拿破崙說：

一個人要做好人，只能做三十天，再多天就會出問題的─貪汙或腐敗之意。

我推想，這或許是政治發展史上，首長或官員要定期輪調，甚至是演變成後來施行「政黨輪替」的雛型，以防在位者掌權太久，容易產生各種弊端吧！

四．最古老的藥局

我們也參觀了一個古老的博物館，內有兩家很早的藥局；據說在西元十二世紀就設立了。有一處現在還在營業賣藥呢！另一間藥房內，在前面有一張是醫師看診的桌子，它的後方兩旁，各有一尊木刻雕像，左邊是「療癒之神」，右邊的那尊，翻譯小姐說是「睡眠之神」

我在旁輕聲說：是「安眠之神」吧！小姐聽到了，馬上朝著我說：

對喔！應該是「安眠之神」才對，謝謝阿姨提醒。

其實，我知道失眠的問題，自古以來一直困擾不少人。莎士比亞在一齣戲劇裡，劇中人是一個飽受失眠痛苦的國王，他曾說：

若我的皇冠能換得一夜安眠，我願意去做。

五．藥局擺設頗像中藥房

在最後面整排的牆壁上，設有四方形凹槽的格子架，裏頭陳列著一瓶瓶的藥罐子，可隨時抽出或推入做收納，很像我們中醫

藥材店裡的格局，說不定也是學自我國呢！因爲我們中醫可是源遠流長的耶！

我們有同伴進去藥局買藥，有人問她：

「你回國後，眞的敢吃嗎？」

她笑著神回：「好玩嘛！回去當紀念品也好啊！」大家聽了都笑開懷了。外出旅行嘛！愛怎麼花錢就怎麼花，隨便你高興就好啦！

不是有一首形容旅遊的打油詩：

「上車睡覺，下車尿尿；排隊買藥，回家丟掉！」博君一笑啦！

慕凡開講／十七

在民家辦桌請遊客 上　西班牙

【請參看照片第 81-83 張】

　　今天我們的船停靠在西班牙的莫特里爾港口。早上我們搭了約兩小時的遊覽車，才到達安達魯西亞的「白璧之村」那是因村裏住家房屋外牆，全都塗上白色油漆而得名。沿途都是光禿禿的岩石小山丘，到後來稍有土質地方，就種植橄欖樹，並以出產橄欖油著名。

　　這使我想起古人說的：「**地貧要種松，家貧要用功**」的諺語。只有橄欖樹可在惡劣環境中存活吧！

一 . 在民家辦桌請遊客

　　午餐是分好幾組，分配到很多個接待家庭中去享用的。我們同車中有八個人，由一位親切的中年媽媽招待。她家餐廳佈置很清淨、整齊又美觀，牆上還掛有多幅養眼的水彩畫作，桌上也擺著一個有古典圖案的銅塑時鐘。

　　女主人熱情地招呼後，就開始上菜了，首先是好大一盤沙拉前菜，由美生菜、番茄、橄欖、火腿絲、蟹肉絲等組成；另有一大盤火腿片「還分辣或不辣兩種」、醃製羊肉片、起司片等，並配有一籐籃的小麵包。有同伴說：「羊肉很高貴耶」口味都很鮮美。

　　過不久，主廚出來致意並瞄了桌上菜餚一、兩次後，我們才驚覺，她是來看一下我們是否吃完菜，需要收走盤子後，才會再上第二道菜。接下來是一大碗公的濃湯，內容有很多種美味的豆

子、雪蓮和脆脆的海帶絲等，我吃了一大碗。

二．是家庭宴客大菜

第三道是一大盤紅燒肉丸子，味香肉細，大家各吃了一兩個後，肚子已快飽足了。第四道是甜餅和炸甜甜圈，有一點甜，但已吃不太下了，爲了給主人面子好看，據說吃西餐作客時，食物要吃光光，對主人才有禮貌。

有人建議，不如悄悄打包帶回家，另一人打趣說：「你忘了？我們家是在船上耶，哪有冰箱可放啊？」刹時，爆發出一陣陣大笑聲起來。

又有人笑著說：「這是一趟花了上百萬，千里迢迢又翻山越嶺，專程跑來這裡，才吃得到的大餐耶！大家趕緊多吃喔！」

再來是很多樣的水果盤，還另送每人一大片盤裝的哈密瓜，又甜又香又多汁，確是網式栽種的高檔貨，在台灣，進口的也是很名貴耶！

最後的咖啡或茶，都已快喝不下了。但主人盛情難卻，只好加點牛奶勉強給灌下肚。

三、熱情招待賓主盡歡

主人一開始就準備紅酒、白葡萄酒、冰開水等飲料待客，我也隨緣各品嘗一點，體會異國道地風味。主人後來又多次補加新物品呢！

大家飽嘗媽媽特色美食之際，席間我們就用船方早先分發的，英語對照西班牙用語，頻頻跟她說「很好吃或謝謝你！」她都微笑點頭回應。

這一頓飯足足吃了兩個多鐘頭。據說，西國人的習俗，午餐是在下午兩點多才吃，晚餐是要在九點鐘才吃耶。餐會結束後，我們全體船友跟她拍合照留念，她展現很親切又慈愛的笑容。

我們都非常感謝船方安排這個行程，讓大家能品嚐民間的「媽媽的味道」私房菜，留下最特殊又美妙的回憶。希望今後船方能多舉辦，這種很別緻的餐會。

我的心得和建議：

四. 社區營造要規劃

在這窮鄉僻壤郊區，最重要的是要發展有特色的特點，有特點才有賣點。像這個白璧之村，大家都把牆壁塗成白色，牆上又掛些紅、黃、綠的盆栽點綴，煞是美觀，頗能讓人體會西班牙鄉村寧靜的景色。

尤其是開辦「有媽媽味道」的家庭料理，供遊客親身體驗道地美食，更受大家喜愛，這是景點很特殊的吸引力。當然，也要有當政者大力推廣、宣傳，或跟旅行社或遊客服務中心合作。才能使這個童山濯濯的鄉村，也能成為發展「無煙囪工業」之重地。

慕凡開講／十八

在民家辦桌請遊客 下 　西班牙

五. 由協會社團主辦

　　我們台灣也有許多這種社區發展協會，主事者更要加一把勁，集合全村或鄉、鎮民力量，找出或創造在地獨有的特色，舉辦周日或節日歡慶活動，吸引觀光人潮，帶來村民工作機會，創造無限生意商機。為沒落的鄉村找出一條活路。

　　剛開始時，可由官方的鄉、鎮公所、農會或由地方上的村、里長等主辦，更可跟地方、民間機構合辦如「社區發展協會」、「在地文史發展社團」等，尤其是可由各地區農會的「婦女家政班」安排主廚。同心協力試辦，再不斷檢討、改進，相信會是叫好又叫座的活動。

六. 愛惜媽媽的味道

　　我曾多次旅行國外，卻只在此次看見這樣新奇的安排。

　　我們台灣吃的文化更豐富而多元，不僅有台菜、客家菜、原住民菜，更有川、粵、湘、滬菜等，許多年長的媽媽，都是經驗豐富的廚藝高手；但私房菜卻只深藏民間，只有家人或親友才享有的口福。如果有機會，讓她們的食譜公開，又能烹調給來訪的遊客品嚐，豈不是很大的好事一樁呢！且更能促進鄉村或社區繁榮。

　　媽媽的廚藝不僅能讓更多人大飽口福，自己也能為社區貢獻一己心力，說不定成為該地旅遊景點的特色。做此好事並不難，

當然，主事者先要有完整規劃，例如，統計參加人數，接待家庭的餐廳可容納多少人，一桌可坐幾人？要提供幾道菜？一應寫出食譜或菜名，每桌或每人需付費多少？也可加在旅遊費用內，吃一頓餐需多久時間，給接待客人的家庭多少酬勞等細節。

不過，要完成此件美事，還請各家庭的先生或孩子，多給媽媽主婦鼓勵，讓她勇敢走出來，不僅能發揮獨家廚藝才能，更能為社區繁榮盡自己一份心力。

七 . 私房菜印成食譜

另外，我還有一個創意想法，可以把各家媽媽們獨家私房菜作法，收集起來，製作成圖文並茂的食譜，出版成小本「口袋書」後，以平價販賣給遊客或愛好者。遊客因親口吃過，很別緻的色、香、味食物，都有深刻好印象，回家就容易學著做，甚至當場可請教媽媽作法秘訣呢！一般人常吃膩了餐廳固定樣板菜色，對媽媽的家常菜，簡單、營養、易做又好吃，一定會很喜愛的。

八 . 永續經營效益廣

家常菜食譜銷售所得扣除成本外，盈餘可捐做社區發展基金。如此運作，不僅基金會能增加推廣的財源，又能保存珍貴的私房菜食譜，更可推廣及延續民間優良的飲食文化，創造三贏的局面。

九 . 試辦小規模活動

例如台中南屯的「彩虹眷村」—干城六村。已由眷村榮民住戶黃爺爺，在眷村老屋上，彩繪出五顏六色的獨特台灣鄉村景色，充滿可愛的童趣和喜感。據說，現已成國內、外遊客必訪景點啦！這是可喜的好現象。

如果能再加上「由民間辦桌請遊客」這項活動，就更有意義了，若村民太少，可改由附近鄉里代辦。此外，嘉義也有「大樹下」野外餐飲活動；更有「花蓮原住民聯合豐年節」活動，桃園縣也有要舉辦「眷村文化節」等，台南市白河區有「蓮花節」屏東也有「洋蔥節」都可試辦看看，發展出新的旅遊活動特點。

十. 不改熱情初心

今天花費整整一個上午，在我寫「108天航行日記」的心得中，補寫這些內容，可說是用心良苦，總是希望能收「他山之石或見賢思齊」的功效。我用心詳細說明和提供建議，也算不辜負此行考察世界的初心了。

當我在八樓電腦桌上，耗盡心力寫完此篇之時，我聽到隔壁麻將桌的船友們，也笑嘻嘻喊著「打完三圈了！」

啊！我這時候，才領悟到古人所說的「**鐘鼎山林，人各有志，不可強求。**」的眞義；他們在玩樂很開心，而我在爲家鄉事用心，也很歡喜；當然我是基於滿腔熱情，而自願找事來做的啦；歡喜做，甘願受，各自都高興就好啦！

老了真好　船上、大西洋

有一天晚上去看船方主辦的「一展才藝的舞台」節目—大明星誕生，其中有一位女士上台朗誦一首詩歌：「老了真好！」內容如下：

老了真好！

春天說，夏天老了；夏天說，秋天老了；

秋天說，冬天才老了呢！冬天老了嗎？不！冬天沒有老！

＊　　　＊　　　＊

擁有美麗春天的記憶；擁有熱烈夏天的閱歷；

擁有豐碩秋天的收穫；悠然的冬天相較，老有老的驕傲。

＊　　　＊　　　＊

沒有了春天的幼稚；沒有了夏天的浮躁；

沒有了秋天的忙亂；冬天啊！是如此的安詳、淡定、逍遙。

＊　　　＊　　　＊

沒有了學歷的壓力；沒有了謀生的辛勞；

沒有了功名利祿的誘惑；人生啊！是如此從容！真實！美好！

＊　　　＊　　　＊

每一天都是節日；每一天都是假日；

每一天都是雙休日；每一天都是自由日；

人生退休開始啊！真好！

＊　　　＊　　　＊

每一天都是藝術節；每一天都是旅遊節；

每一天都是情人節；每一天都是重陽節！

＊　　　＊　　　＊

我們還有愛的滋潤；還有情的纏繞；我們是不是值得驕傲；

讓我們瞇起雙眼盡情地冥想吧！

讓我們張開雙臂熱烈地擁抱生活吧！

那一段和旭日同樣絢麗的夕陽，真的，真的無限美好！

＊　　　＊　　　＊

人生就像一本書，越老越有智慧；

人生就像一支歌，越老越有情調；

人生就像一幅畫，越老越有內涵；

人生就像一罈酒，越老越有味道！

＊　　　＊　　　＊

年輕的朋友啊！是不是有點羨慕我們？羨慕我們老了，真好！

不要急，不要躁；完成各自的人生歷練後，你們每個人，

都會得到一張老年去俱樂部的門票！

感想：費盡苦心追求原稿。

1.踏破鐵鞋無覓處

我當場聽到她朗誦這首詩歌時，真是實獲我心，心有戚戚焉！心裏十分感動和震撼；當時雖猛抄筆記，但是內容太長了，還是無法記錄完整的。本想趁她走下舞台時，衝過去請教她的大名，和所住的房號，以便再詳細請益，但在眾目睽睽之下，我怕舉動太唐突，甚至會嚇壞了她，只好按耐住衝動。

於是第二天一早，我就在八樓左、右舷，走道旁的休憩區，不停地來回走動，只要看到在沙發上閒坐的船友，很像是懂華語的人，我就趨前說明原由，要打聽那女士的名字，問了許多人，都說「不認識」但我還不灰心，繼續再努力問下去。

直到第二天傍晚，我才問到了一位認識她的人，我除了記下那位朗誦者的姓名和房間號碼外，也托她轉告我的姓名和房號，方便雙方聯絡，我十分感謝這位船友的協助。

如此百般折騰，真像是海底撈針一樣。但憑靠著我堅定的毅力，鍥而不捨的決心，終於皇天不負苦心人，當下很興奮地問到了線索，也很想立刻去找她本人，但又想：

現在已傍晚時分，也許她需要去吃飯或要休息了，不好意思冒昧去打擾人家吧！等明早再去拜訪，就按耐住請教的熱烈期待。

2.得來全不費工夫

千萬沒想到，才過了一個多鐘頭，她竟和她的室友一起來我房間找我，並帶著抄寫好的文章送我，我真是喜出望外，再三道謝她的恩賜；並稱讚她朗誦的文章，內容感情豐富、文辭十分優

美、聲音更是非常悅耳動聽，…。大家相談很歡喜，臨別時我一再道謝外，也各送一份台灣特產給她們，聊表我感恩的情意。

很感謝許女士熱心又慷慨的成全。現在讀者才能看到，如此特優的好文章，我如獲至寶，請你也要多多欣賞喔！這一切機緣真是千載難逢，可遇而不可求耶！

大概是志趣相投吧！此後她時常來我打字桌旁聊天，也告訴我她精彩的人生奮鬥故事。我倆就結交成為好朋友。後來我才知道，她是一位退休的小兒科醫師，而且還能歌善舞，多才多藝呢！

慕凡開講／二十

麥哲倫環球探險記 葡萄牙

一. 麥哲倫偉大的故事

　　麥哲倫「Ferdinand Magellan；1480－1521」1480年生於葡萄牙北部，一個破落的騎士家庭。10歲左右進入王宮服役，充當王后的侍從。16歲時進入葡萄牙國家航海事務廳，因而熟悉了航海事務的各項工作歷程。他是葡萄牙著名的航海家和探險家，先後為葡萄牙和西班牙兩國效力，從事航海探險事業。地點從西班牙出發，繞過南美洲，發現麥哲倫海峽，然後橫渡太平洋。

　　他當初是為了獲取黃金和香料等，克服了狂風巨浪的襲擊，及遭遇到飲水、糧食短缺的困窘；又要平息了內奸和叛亂團員；最後，卻在菲律賓島上，一次意外爭鬥中，不幸被土人殺害了。但他的團隊繼續航行，最後終能回到西班牙，完成人類史上第一次環球航行壯舉。被認為是一項史無前例的奇蹟。

　　麥哲倫被世界認為是，第一位航行世界一周的偉人。他依次經過的大洋是：大西洋、太平洋和印度洋。「太平洋」一詞的名稱，就是他的團隊所命名的。他和團隊終於發現和證明了地球是圓的，這就是探險家麥哲倫簡要的一生。他的冒險和犯難的精神，很值得我們後人敬佩和景仰。

　　我想一想，當年他的團隊，花費了3年多時間，還必須克服很多天災和人禍的風險，才能環繞世界一周；而如今我們，託福現代航海科技的進步，我們只花了3個多月，就能安全、順利又

愉快地環遊世界一周，眞是萬分幸福和無限感恩啊！

二 . 分享握手社交禮儀

我抽空在船內八樓的圖書架上，看到一則有關西方握手起源和守則等，特別摘錄在日記裏，也樂得跟讀者分享。

1.握手的起源

現代人握手是在見面、恭賀、道謝或離別時表達情誼、致意的一種禮節。但是，你知道它的起源嗎？

握手之禮，最初起源於中世紀的歐洲。因當時正是，身穿戰袍的騎士、俠客盛行時代，俠客打扮都是頭頂銅盔，身穿凱甲，腰際還掛著一把利劍，雙手還要套上鐵罩，遊走四方，到處打抱不平。他們氣勢威武、性格豪邁，讓人見了十分敬畏。

可是每當遇見親朋好友時，爲表示友好就會拿下銅盔，脫下鐵手罩，以表示我的右手沒有拿武器，不會攻擊、傷害你，因此見面時互相伸手相握，表達出和平和友好的善意。而握手時往往會上下晃動幾下，是試探對方，萬一有偷藏在衣袖中的刀器、匕首等，就會因搖晃而掉落出來了，這是爲了確認雙方會面的安全。

2.先後的禮儀

握手先後順序：要主人、長輩、上司和女士主動伸出手，客人、晚輩、下屬和男士才可伸手相握。

同時要注重禮貌：要緊握對方的手，時間約1至3秒較合適，適度握住就好，過緊、太輕或漫不經心，都是不禮貌的。

3.肢體的語言

握手時，年輕者、職位較低者對年長者、職位較高者，臉部要表露微笑，眼光要注視對方，且應稍微彎腰欠身一下，有時為了表示尊敬，要用雙手迎握。男士跟女士握手時，只能輕握女士手指部位，並且注意握手前，要先脫帽及手套。

4.適當的時機

年輕者、職位較低者，被介紹給年長者、職位較高者，最好不要先主動伸手；應先注意他們的反應，若他們只以點頭致意，而沒有要握手意思時，你也應跟著點頭致意就好；尤其是對年輕女性，男士不可先伸手要跟對方握手，那是很不禮貌的行為。

現在我們都生活在世界村裏，見面握手已是東、西文化的生活常態，我們應多認識它的禮儀喔！

慕凡開講／二十一

西班牙紀事 上　西班牙

【請參看照片第 98-100 張】

一．畢卡索非凡成就

　　地陪帶我們遊覽西班牙，拉科魯尼亞港口城市時，途經一處學校旁，就指著說，大畫家畢卡索的父親，就是在這所學校當美術老師，負責教學生素描課程；所以他也在這裡進了第一個美術學校。他在此處住了5年，他的繪畫天份受到遺傳和環境的影響都很大。

　　畢卡索出生於西班牙的馬拉加市，全名是巴勃羅·魯伊斯·畢卡索（Pablo Ruiz Picasso，1881年－1973年），是西班牙著名的藝術家，更是二十世紀現代藝術的主要代表人物之一。

　　畢卡索是當代西方最有創造性，和影響力的藝術家，1907年創作的「亞威農少女」是第一張被認為有立體主義傾向的代表作。他是位多產畫家，他的作品總計近 37000 多件，包括：油畫，素描，版畫，平版畫等。

　　他是西班牙三大畫家之一，另兩位是：達利—超現實主義派，和米羅—當代藝術魔法大師。

1.畢卡索畫作價碼知多少

　　你知道他在拍賣會上，最貴價錢的十幅畫嗎？依順序就是：一.阿爾及爾的女人—賣價1.79億美元。二.夢。三.裸體·綠葉和

半身像。四.抽煙斗的男孩。五.多拉・馬爾與貓。六.手捧鴿子的孩子。七.喝苦艾酒的人。八.窗邊的女人。九.讀書。十.盤髮髻女子坐像—賣價2990萬美元。你可在書本和網路上找來作品觀賞一番，看看到底為何如此值錢呢？

2.真情相待的摯友

畢卡索晚年已是聲名大噪，他的親友紛紛來索取畫作，因而爭吵不休，令他非常厭惡、煩惱而不快樂；又因怕畫作會被偷，就請來一位安裝工人蓋內克先生來裝防盜網。

蓋內克是一位憨厚、坦率的工人，雖沒什麼文化素養；但畢卡索喜歡跟他聊天，很欣賞他開朗的個性，說說笑笑間，畢卡索的苦悶一掃而空，天天都過得很開心。

有一次畢卡索為他畫一幅素描畫像送他，他卻說：

我不懂畫畫，你不如送給我，你廚房裏那把大扳手還實用些。

畢卡索笑說：這幅畫不知能換取，讓你買多少支那把扳手的錢呢！

但是這個老粗，因不懂藝術還是不太珍惜。

3.樂開懷創作大爆發

畢卡索九十歲時，因遇到這位談心的知己好友，心情大好，又再掀起另一波創作高峰，畫了很多傳世傑作，也送給他許多作品。不過，因跟他聊天說笑很開心，防盜網的施工期，竟延後兩年多才完成呢！

畢卡索曾對他說：「你雖然不懂畫畫，但你是最值得獲贈這

些作品的人，因爲你是我眞正的朋友。」這是他說的眞心話；畢卡索雖有很多錢，卻買不到眞正的友情或親情。

4.爲好友珍藏作品

　　1973年4月畢卡索辭世的消息傳開後，他的作品賣價更加水漲船高；蓋內克聞風而跑回老家，在閣樓的舊皮箱內，找出畢卡索送他的那些畫作，算一算共有271張耶！可是他都沒有告訴任何人這件事。當時他若隨便拿幾張去賣掉，馬上就可變成超級大富翁了。但他還是一直做他的本業，爲工作而四處奔波討生活。

　　以前曾經有一次，畢卡索隨手在一張郵票上畫幾筆，就丟棄到垃圾桶，有一位拾荒的婦人撿到後，拿去賣了很多錢，馬上就變成住豪宅的大富婆了耶。

5.慷慨捐獻畫作

　　2010年12月間，蓋內克已是古稀之年，他擔心來日無多，便宣佈把所擁有的畫作全數捐出，贈送給法國的文物保管部門，當時價值一億多歐元呢！有記者問他：爲何要如此慷慨奉獻呢？

　　他說：是好朋友贈送的，就不能私自占有，只能保管；我捐出來，是爲了得到更好的保管。

感想：

　　他大方捐出所有畫作，毫不藏私的做法，讓我們後人才有機會欣賞更多畢卡索的偉大傑作。他的義舉眞令人敬佩，也很值得後人效法。這一段深厚又珍貴的情誼，更成爲留傳千古的佳話了。

西班牙紀事 下　西班牙

二．聖家堂教堂傳奇

　　西班牙著名地標，高聳的天主教教堂「聖家堂」—SagradaFamília，在修建了一個多世紀後，終於宣布可望2026年完工，屆時教堂將高達172公尺，成為歐洲最高的宗教建築。

　　聖家堂位於巴塞隆納，由西班牙傳奇建築家安東尼・高第（Antoni Gaudí）所設計，自1882年開始興建。一百多年來，依靠私人捐款和觀光遊客，所提供的經費修建至今，現在每年的修建費用，就要花費2500萬歐元「約8.8億台幣」讓我們熱切地期待，觀賞它完工後雄偉的風采吧！

三．西班牙無敵艦隊

　　16世紀，封建的軍事殖民帝國西班牙，在西半球不可一世，靠著他的海上艦隊，壟斷了許多地區的政權、資源和貿易，其殖民勢力遍及歐、美、非，亞四大洲。在海外落後或弱小地區，從事掠奪、搜刮各種農、礦產等物料，並強佔成為其殖民地。

　　據統計，西元16世紀年間，西班牙海軍從海外運回的黃金即達5500公斤，白銀達24・6萬公斤，及大量的戰略物資等。

　　到16世紀末，為了保障其海上交通線和其在海外的利益，西班牙建立了一支擁有100多艘戰艦，3000餘門大炮，及數十萬士兵的強大海上艦隊。這支號稱「無敵艦隊」是西班牙國王腓力二世

所建，是為和英國爭奪海上霸權而組成的。

　　結果在英西加萊海戰一役被英軍大敗，而結束了16世紀海上霸主的地位，17世紀就由英國取代了海上霸權了。

慕凡開講／二十三

英國的故事　英國

【請參看照片第 101-111 張】

一. 永不沉沒的船

在英國薩崙港的「國家船舶博物館」內，展示出很多歷史性紀念的舊船，其中最珍貴的是，一條船身很殘破又幾乎變形的商船。

這條船在歷經滄桑，備受摧殘打擊後，還能存活下來的勇敢典範。因為它曾經在大西洋受過138次的冰山重擊；207次的風雪交加而斷掉桅桿；116次觸礁危機，...。雖然危難接踵而來，弄得遍體鱗傷，但它還能關關難過關關過，始終屹立不搖地挺住下來，永遠不沉沒，才能造就今天的傳奇故事。

1.學以致用最可貴

不過，它最火紅且被人津津樂道的另一件故事，就是這條船奮鬥的故事，深深地感動了一位來此參觀的律師。這位律師才剛替人打輸一場官司，那委託人卻不幸自殺了，此事讓他深有歉疚和罪惡感。

當那位律師來博物館參觀，獲悉這條永不沉沒的船，堅強勇敢接受挑戰的故事，十分震撼和敬佩；於是就拍下這條船的照片，並抄下它如何身經幾百個戰鬥的堅忍故事，一起懸掛在他的辦公室。

此後，每當有人要委託他辯護訴訟案件時，他都會建議客戶先去看看這條船的故事。

2.分享是最優的啦啦隊

他就是要明示或暗示鼓勵當事人，我們就是要學習，這條船百折不饒的奮鬥精神；我們打官司時，先不論輸贏得失如何？但當每次遇到對方，像無情的暴風雨攻擊過來時，我方飽受嚴重打擊或慘痛傷害時，不管傷痕纍纍，但還是要勇敢挺住，堅定不移，努力奮戰下去。

就像這條永不沉沒的船，終能接受百般考驗和挑戰，獲得最後光榮的勝利。

這位律師能從參觀這條船的戰鬥事蹟中，獲得重大的啟發和心得，又能充分應用在自己業務中，和客戶分享，以激發他們奮鬥不懈的故事，更加感動許多人呢！

我們人生航程中，無論遭遇多少次暴風雨的襲擊、挑戰，都要勇敢面對並奮力迎擊，才能平安、順利地度過這一生。

這真是一個發人深省的真實故事。

二．幽默的笑話

英國人是最富有幽默感的民族，急智的幽默笑話，常常能化解當下的危機或難題，並帶來很好的效「笑」果，現舉出兩則分享：

1.轉得超快

英國首相威爾遜，在一次演講中，才剛剛進行到一半時，台下突然有個搗蛋分子高聲打斷了他，並喊說：「狗屎！垃圾！」

威爾遜雖然受到了干擾，但他急中生智，不慌不忙地說：「這位先生，請先安靜一下，我馬上就會講到，關於你所提出的環保問題。」

慕凡笑說：威爾遜故意把他批評亂罵的話，巧妙地轉換成討論的話題。很高招的幽默吧！

2.針鋒相對

　　邱吉爾擔任首相，接受議會質詢時，有一次，英國議會反對黨的女議員，阿斯特夫人對邱吉爾咆哮又嘲諷說：

　　如果你是我的丈夫，我會在你的咖啡裏放進毒藥。

　　邱吉爾也不甘示弱，順勢反譏說：

　　如果你是我的妻子，我一定馬上喝掉它。

慕凡笑說：順水推舟地回嘴，又不傷人；讓對手啞口無言以對，妙哉！

慕凡開講／二十四

莎士比亞傳奇　英國

　　莎士比亞（W. William Shakespeare，1564～1616）是英國文藝復興時期偉大的劇作家、詩人，也是歐洲文藝復興時期人文主義文學的集大成者。

　　莎士比亞出生在英國一個富裕的家庭，他的父親後來成爲當地的鎮長。他從小便很擅長寫作，並且學習拉丁語和希臘語。後來因爲父親破產，他便走上了獨自謀生的道路，他曾在店鋪當過學徒，在學校教過書，這些經歷使他培養了很豐富的社會閱歷。

　　莎士比亞開始接觸戲劇表演，走向戲劇之路，是因爲曾在劇院工作，他當過雜役、演員、編劇等工作，經過許多歷練後，才能成爲劇作界大師。在這期間，他創作了很多享譽世界的經典劇作和作品，每一篇都是精彩無比的。

　　例如喜劇：仲夏夜之夢、威尼斯商人等，悲劇有哈姆雷特、李爾王、馬克白、羅密歐和朱麗葉等。

　　莎士比亞的作品中，人物性格複雜多樣、豐富多彩，他的戲劇影響了世界各地。他給世人留下了37部戲劇，他在文學界評價極高，經典名句很多。

※莎士比亞名言：

1. 在時間的大鐘上，只有兩個字 ─ 現在。

2. 我荒廢了時間，時間便把我荒廢了。

3. 使人愉快的勞動，能醫治心靈的創傷。

4. 書籍是全世界的營養品，

　　生活裡沒有書籍，就好像沒有陽光；

　　智慧裡沒有書籍，就好像鳥兒沒有翅膀。

5. 本來無望的事，大膽嘗試，往往能成功。

慕凡開講／二十五

富豪善舉 嘉惠世人 上　英國

　　我們參觀英國利物浦市區時，途中經過威廉布朗街「William Brown Street」時，導遊特別介紹這一帶周圍很大區域，已列入該城市的文化特區，因為此區設有很多公共文化建築物，包括有威廉布朗圖書館「William Brown Library」、步行者畫廊、皮克頓閱覽室「Picton Reading Rooms」和利物浦世界博物館「World Museum Liverpool」及公園等。

　　威廉布朗先生是一位立法委員，更是一位大慈善家，他把這街道附近價值連城的黃金地段，很大片的私人土地，都捐獻給政府，作為建造公益機構建築物，主要如上面列舉的公共設施。

　　他實踐了「**取之於社會，用之於社會**」的偉大情操。現在此地區政府就以他的名字當街名，而且已經被聯合國「教科文組織」列為世界遺產。而他遺愛給後代世人，更成為留名千古，並永受崇敬的偉大人物了。

　　富豪捐錢、捐地等做公益事業的案例，在我這次旅遊中，才知道外國早已很流行，他的奉獻真是功德無量，善舉永遠嘉惠後世，很值得我國大企業家或富豪們效法的。

　　我知道了他大公無私的奉獻精神，萬分敬佩，很值得介紹給大家。

慕凡開講／二十六

富豪善舉 嘉惠世人 下 船上

　　我這次旅行，發現不少外國富豪很盛行捐屋、捐錢、捐地等，提供做公益的機構或事業，或成立永久的慈善基金會等，這是很值得敬佩和效法的善舉。因為富豪或企業家賺得再多的錢財，百年往生後也帶不走的；要是留給後代子孫，往往會因分配不均，而衍生很多爭產糾紛，甚至告到法院，纏打訴訟官司，反而遺留無窮禍害；正如流行的

　　順口溜：**人在天堂，錢在銀行；妻在佛堂；**

　　　　　　兒女對簿公堂；小三跟人進了結婚禮堂。

　　例如台灣企業家王×慶，張×發等人，後代兒孫都因遺產爭奪官司，而引起媒體喧騰一時的案例。

　　所以，我呼籲各位有錢的富豪們，請你最好在生前或寫好遺囑，就捐出大部分錢財、房屋或土地等，給政府機構或成立基金會，可指定做某項公益事業用途，尤其建立公共設施，如圖書館、展覽館、博物館、藝術館、養老院、慈善醫院等。

　　例如台灣企業家許文龍先生，在台南所設「奇美博物館」專門收藏、保存世上稀有的珍奇寶物；或靠撿回收物資致富，而捐錢興建在台北市的「王貫英紀念圖書館」；郭台銘先生成立的「永齡教育基金會」及捐贈150億新台幣給「國立台灣大學醫學院附設癌醫中心」等，都是崇高又偉大的範例。

　　他們都做到公而忘私的義舉，這樣不僅能回饋社會、國家，

造福人間，嘉惠更多世人，讓你發揮人生最大的附加價值；而且可以留名千年萬古，令人敬佩和懷念，可說是一舉數得的善行喔！

前總統馬英九的祖父馬立安先生名言：

黃金非寶書為寶，萬事皆空善不空。

我們後人若擁有大筆財富時，應多學習這種「**錢從社會賺來，就還給社會應用**」的善行；這種無私奉獻的精神，很值得我們晚輩敬仰、感恩和效法的。

慕凡開講／二十七

愛爾蘭紀要　愛爾蘭

【請參看照片第 112-127 張】

愛爾蘭在1921年脫離大英國協後獨立，歷史上出了不少名人，今介紹下列兩位：

一．蕭伯納

蕭伯納（George Bernard Shaw，1856—1950）是愛爾蘭多產和長壽劇作家。1925年因為作品「聖女貞德」一書，具有理想主義和人道主義而獲諾貝爾文學獎，是英國當代傑出的現實主義戲劇作家，更是世界著名的，擅長幽默與諷刺的語言大師。其作品「賣花女」改編成華語電影「窈窕淑女」由紅星奧黛麗赫本主演，曾獲第37屆奧斯卡最佳影片，當時是最經典的幽默喜劇片！

※蕭伯納的幽默笑話：

1.美貌和智慧

有一位以美貌馳名的舞蹈家曾對他說：

蕭伯納先生，你如果跟我結婚，就可生下一個完美的孩子；容貌像我，而頭腦像你，那這孩子，就是世上最美麗又最聰明的人了。

蕭伯納笑著說：你想得美喔！萬一我倆生下的孩子，外貌像我，而智慧又像你，那可要怎麼辦呢！

慕凡笑說：正向思考 ─ 往好處想，跟負面思考 ─ 往缺點想，結果竟大不同耶！這也算是另類幽默耶。

2.誰較聰明

　　有一次，蕭伯納跟夫人在爭論誰比較聰明，僵持不下，最後蕭伯納幽默地說：好了，算你比較聰明，所以你選擇嫁給我；而我比較笨，所以才娶了你啦！

慕凡笑說：這樣幽默的說法，就把兩方扯平啦！幽默的妙用很酷喔！

※蕭伯納的名言：

1. 家是世界上唯一隱藏人類缺點與失敗的地方，

　　它同時也蘊藏著甜蜜的愛。

2. 永遠記住這點：世上最不平凡的美是家裡的美。

3. 有信心的人，可以化渺小為偉大，化平庸為神奇。

二、王爾德

　　在我們前往參觀「大教堂」途中，因大塞車只好暫時停靠路邊等候，意外地，我從車窗外看到小小的「奧斯卡・王爾德紀念公園」內有一尊他半躺的雕像；據說他是現在同性戀社群的文化偶像。

　　奧斯卡・王爾德（Oscar Wilde，1854－1900年）是愛爾蘭的作家、詩人、劇作家，英國唯美主義藝術運動的倡導者。他於十九世紀八十年代創作了多種形式的作品，其後成為九十年代早期倫敦最受歡迎的劇作家。

※王爾德的名言：

1.活得快樂，就是最好的報復。

2.看似痛苦的試煉，其實是化裝的祝福。

3.做你自己，因為別人已經有人做了。

感想：

　　我很認同他說的第三句話，所以及時抓住壯年的尾巴，勇敢地豁出去啦！自己一個來參加這次環遊世界的旅遊。

　　人生旅程很短暫，你若不把握良機，大膽去闖闖看，怎會知道夢想到底能不能實現呢？結果竟跌破了很多人的眼鏡耶！

　　我是一個平凡女子，晚年竟然敢獨自去完成，環遊世界的壯舉。做你自己，才能成就only one！

慕凡開講／二十八

幽默笑話十大功效 上 挪威海

【請參看照片第 130-135 張】

這是我在船上演講兩場「講笑話 學幽默 當笑長」的部分內容。特別摘錄在此跟讀者分享：

1.生活的調味料

是做夢的：有兩位久別重逢的老同事，相偕到咖啡廳聊聊，寒暄後，甲就開門見山，關心地問：你現在哪兒高就呢？待遇好不好啊？

乙笑著說：還好啦！年薪大約上千萬啦！

甲羨慕地說：那月薪也快高達百萬耶！請問你是做什麼的？

乙神秘一笑說：是做夢的！

剎時，兩人都相對哈哈大笑起來。

慕凡笑說：舊同事相見，老談工作太無趣，不如講講笑話，開開心嘛！

2.人際的潤滑劑

神父神童：爸爸和小華一起看電視，畫面上正播出一位神童表演心算，速度超快耶！

爸爸羨慕之餘，就笑笑問：小華，你怎麼不是神童呢？

小華頓了一下，笑嘻嘻地說：因為你不是「神父」啊！

慕凡笑說：小華的幽默，化解了爸爸想藉題發揮責罵他的危機，
可免雙方發生口角爭辯啦！

3.生氣的消氣散

鐘敲兩次：王先生答應太太，說今晚出去應酬，一定會在一點鐘以前回家。可是，王太太等到一點多了，還不見人影，就生氣地躲在棉被裡裝睡，等他回來時再好好K他一頓；當王先生悄悄走進臥室時，牆上的掛鐘剛好敲了兩下—2點鐘。

於是，他故意大聲對著掛鐘說：

我知道是一點鐘啦！你何必敲兩遍呢！

太太聽了先生幽默的話，馬上轉怒為笑，禁不住「噗嗤」大聲笑了出來，再也生氣不起來了。

慕凡笑說：夫妻相處，能多說點幽默的話，就能化怒氣為祥和喔！

4.尷尬的化解符

下次換你：小明跟著媽媽參加阿姨結婚的囍宴，當一對新人到他這一桌敬酒時，他開心地說：

「阿姨，你的婚禮很熱鬧、很好玩，下次你再結婚時，我還要來參加！」

剎時，全桌的人都驚訝愣住了，有人責怪小孩子不懂事，亂講不吉利的話。但是，阿姨急中生智，笑著大聲說：

「下次，下次要換你結婚啊！」全桌人聽了都爆笑起來了。

慕凡笑說：機智幽默的話，不僅能化解窘況，更能帶來舉座歡笑呢！

5.人生的保險單

捐贈器官：有一位小姐因失戀想不開，爬上高樓嚷著說要自殺；這時，準備要救人的消防人員，一面喊話勸說，要她多珍惜生命，一面也在地上鋪好救生墊。

但她都不領情，還是執意喊著「我要跳樓啦！我不想活了！」最後，趕緊請來一位心理醫生來遊說，醫生爬上頂樓靠近她時，小姐還是很兇地對他吼叫著：你不要過來勸我，我還是不要活了。

醫生微笑著說：你放心！我不是來勸你的，我是奉命來詢問你：「請問，你死後要捐贈那些器官呢？」

小姐一聽，生氣地說：「你說這是什麼話嘛！我都還沒死，你們就想打我的歪主意喔！」

接著又說：我現在決定不要死了，怎麼樣？你們佔不到便宜，很失望吧？

慕凡笑說：「激將法」也是一種機智、幽默的表現，還能挽救一條　　　　人命耶！

慕凡開講／二十九

幽默笑話十大功效 下 　挪威海

6.緊張的鬆弛劑

忘記自己：有一位當了四十多年的單身漢，新婚時，偕太太要去度蜜月，匆匆去買好車票回來，太太一見，就問：你怎麼只買一張呢？

先生苦笑著說：「啊！對喔！我竟然忘了我自己！」—因還習慣只買一張票嘛！

太太也幽默地回說：「好啦！那你快去找回自己吧！」

慕凡笑說：夫妻都有幽默感，常能化解緊張或尷尬的情況，相處就輕鬆愉快啦！

7.煩悶的百憂解

也不鎖咧：三十多年前，台灣的厠所門開關，是用門閂向左或右操控的方式。有一位剛來台學華語的美國小姐，進廁所門內一看，門上卻沒有旋轉的喇叭鎖，心想：「大概台灣治安很好，只要把門扣上就行。」

這時剛好有一位老婆婆內急衝進來，一見這一間門沒鎖，就是裡面沒人，立刻一把拉開門，小姐嚇得大叫「啊！」一聲，老婆婆馬上關回去，並隨口用台語說：

「也不鎖咧！」—為何不鎖門呢！

女孩誤以為老婆婆說：I'm sorry—我很抱歉！

事後，還稱讚台灣的英語教育真成功，連老婆婆都說得呱呱叫！

慕凡笑說：誤打誤中的笑話有很多，聽後包你開心笑得沒煩惱。

8.憤怒的滅火器

用笑消怒：希臘大哲學家蘇格拉底，跟太太感情一直不和睦，有一次又大吵大鬧，蘇格拉底不想再理她，就說：「算了，不再跟你吵啦！」

說完，就匆匆從樓上跑下來，要到市場去跟學生們談論哲學。

這時候，正在擦洗傢俱的太太，眼見拌嘴的對手落跑了，就很生氣，隨手捧起身邊的一盆髒水，對著樓下的他傾倒下去，害他全身濕淋淋了。蘇格拉底本想再衝上樓，跟太太理論一番的。

但當下一轉正念，就自我解嘲苦笑道：

「我就知道，打雷之後，必會下傾盆大雨，算了吧！我還是不要再跟她爭辯，免得白費力氣啦！」

慕凡笑說：自我解嘲的幽默，不僅能消除憤怒之火，更能終結紛
　　　　　爭呢！

9.危難的救命丹

耗盡戰力：英國幽默大師卓別林，年輕時曾在一家公司上班，有一次，老闆要他去銀行領錢，回途中卻遇到歹徒持槍要搶他的錢。他急中生智，就鎮靜地對歹徒說：

「我錢可以給你，但是為了證明我是被搶的，所以請你在我的帽子上打幾槍，留下幾個彈孔，老闆才會相信。」

歹徒果然照做，發射出幾顆子彈；可是他機警地發現，歹徒

的子彈還沒用完。

　　於是，就又輕鬆地對歹徒說：「請你在袖口多補幾槍，證據才更充足嘛！」

　　如此，直到他發現歹徒已用完子彈後，拔腿就飛快逃走，終於逃過一劫，保住了生命和錢財。

慕凡笑說：鎮靜加上機智就是富有幽默感，成就了他在危急時解
　　　　　難的保命丹，好神奇的功效喔！

10.聚會的快樂丸

　　跟誰同睡：小明小時候身體常生病，所以只好睡媽媽身旁，好夜晚隨時照顧。等長大上小學後，有一天，媽媽開玩笑地問他：

　　你現在都跟我一起睡，將來長大娶老婆後，要怎麼辦？

　　小明想了一下說：

　　沒關係啦！我跟媽媽睡，我老婆就跟爸爸睡，不就好啦！

慕凡笑說：小孩說出無知又純真的話，常是幽默的爆笑點喔！

心得：

　　幽默是高度智慧的發揮，它使你的黑白人生變彩色；

　　樂觀是快樂地過每一天，它讓你發覺世間的真善美；

　　笑話是最甜蜜的開心果，它讓你隨時都歡喜當笑長；

　　幽默、樂觀和笑話是歡樂的連體嬰，讓你天天開心。

慕凡開講／三十

家人做環保 地球會更好 船上

【請參看照片第 153-155 張】

　　我在「家人做環保 地球會更好」的演講題目中，海報下面所提示的重點，現場我有舉例說明，有的用趣味諧音來聯想，順口又易記；現在簡要補充內容如下：

一．雙手是最好的環保袋

減塑記得帶「袋」：

1. 攜帶「自備環保袋」—— 每次外出，記得隨身攜帶折疊型的購物袋。

2. 借袋「租借押金袋」—— 台灣比較大超市都有提供。

3. 兩用袋「購買環保兩用袋」—— 使用後還可再當垃圾袋使用。

二．節省使用塑膠或紙袋

　　小物品用手提或拿就好，大件貨物用環保袋裝，可減少使用，用完一次就丟棄的塑膠袋或紙袋。

三．清水是最好的清潔劑

　　最好不要用化學清潔劑，避免人體和環境受汙染或傷害。

四．消費者是環保守門人

　　消費者拒買、拒吃或拒用等，就沒有生產、製造或販賣者。尤其是許多保育類的動、植物。像不吃魚翅，漁夫捕獲也沒人

買，鯊魚就不會絕種啦！

五、伸手要錢，要帶水錶包

提醒出門前要檢查或核對必帶的物品，我用諧音來聯想較易記住。

1. 伸：身份證 — 包括門卡、駕照、悠遊卡、健保卡、工作證等。

2. 手：手機 — 方便打或接電話，或看電話簿、記事簿等。

3. 要：鑰匙 — 家門、公司、信箱、保險箱或汽、機車等鑰匙。

4. 錢：錢包 — 小錢包、信用卡、儲值卡、悠遊卡等。

以上這四項是最重要的，下面五個則看個人需求：

5. 要：藥品 — 外出或上班要帶個人用保健藥或營養品等。

6. 帶：自帶 — 環保碗筷、熟食或便當盒、保溫杯等，減少使用塑膠或紙製的杯、袋等食具。

7. 水：飲水 — 自帶飲水瓶，環保、衛生又省錢，少購瓶、罐裝水或飲料等。

8. 錶：手錶 — 隨身帶手錶，讓你能準時，上班、上課或約會不誤時。

9. 包：隨身包 — 面紙包、化妝包、女性生理期專用包等。在各地防疫期間則需多帶一個備用的口罩包。

心得：

我在家中會把標題寫成小字條，貼在大門裏面，方便出門前提醒或核對一下。

慕凡開講／三十一

海明威紀念館 上 古巴

【請參看照片第 190-197 張】

提到古巴共和國，常會令人聯想起雪茄、蘭姆酒、棒球、莎莎舞等特產。但是我這次參團的是「拜訪文豪海明威故居」景點，因爲我也喜歡寫作，更崇拜他的才華。

一. 應用獎金買別墅

美國大文豪歐內斯特·海明威「Ernest Hemingway，1899－1961」。

一生中有三分之一時間是在古巴度過的。這棟紀念館是海明威應用，獲得的諾貝爾文學獎獎金的一部分，在西元1931年，花了一萬八千美元，向法國人購買的，再裝修成自己喜歡的樣貌。位置在隱密的丘陵上，佔地頗廣，是一棟很華麗的花園洋房。

入口處走上幾層階梯就見院內綠樹成蔭，種滿各種美麗花木，遊客不能進屋內參觀，但從打開的每一個大門或窗戶，都可清楚看見室內裝潢及各種家俱擺設情景。

此處遠可觀賞清明的大海，近可聽聞陣陣濤聲，海明威就在此美景裡生活了22年，他隨時可抽著雪茄，喝著萊姆酒，寫出聞名於世的許多長篇小說。像名著「戰地鐘聲」就三次被改編拍成電影。

二. 書房是創作秘密基地

有很寬大的書房，牆邊都釘有書架擺放很多書，我參觀當下

腦海就浮上，杜甫詩句：讀書破萬卷，下筆如有神。

　　書房也是他接待客人之處，他很好客，在交談中，能啟發寫作靈感，擴展見聞；所以他筆下描寫的人物，都活靈活現在眼前，這是他寫的小說能廣受歡迎的原因之一。

　　要當成功的作家，就是要多跟各種人物接觸，瞭解社會萬象，人間百態，寫出的作品才能接地氣、貼近生活，獲得大眾的認同或共鳴，我在很多年前寫書時，就已覺悟到這一重點。

　　客廳和很多房間都掛有繪畫、動物標本，或他愛玩的樂器等，房間採光很明亮、整潔，住起來一定非常舒適。

　　他的名著「老人與海」就是在此處創作的，於1952年出版，海明威認為它是自己這輩子最好的作品。

三．驚鴻一瞥蜂鳥踪

　　我突然發現飛來一隻很特別的鳥，馬上驚喜地大喊：

　　有蜂鳥！蜂鳥飛來了，在那裏，在那裏！快看！

　　我指向牠的身影，在場的伙伴們，趕緊拿起手機搶拍鏡頭，但是牠飛動的速度實在太快了，尖嘴啄取花蕊中心蜜汁時，都僅點一下就飛起來了，大家都來不及拍到牠，沒停駐過半秒的身影，兩眼只目不轉睛地，跟著牠那亮麗又靈巧的嬌軀轉動，卻無法拍下定格儷影，如此閃現一瞬間，就馬上不見芳蹤啦！

　　牠是當今世界上身軀最小的鳥耶！大家開心賞識這次巧遇奇緣，但不免有些小小遺憾，竟拍不到牠的形影，我只好安慰地說：

　　沒關係啦！牠一定是特別來露個臉，先跟大家愛煞住「日語：打個招呼」啦！也許是暗示或明示我們說：

　　我就住在這兒，歡迎大家，下次再來看我喔！

蜂鳥的羽毛多彩而亮麗，通常只有出產在中、南美洲。難怪我在台灣只在影片中看過而已。

照片第196張，是我一位香港的粉絲，她回船上後，才發現當時她有拍到蜂鳥的儷影，就主動秀給我看，並樂意讓我轉傳，很感謝她。

四．意外的插曲

回台灣後不久，我正在撰寫此遊記期間，有一次和當牙醫師的大女兒，一起在看電視的外國影集；介紹古巴時，看到有「蜂鳥」的畫面，我就藉機分享在海明威紀念館的艷遇種種，她聽得好開心，接著還笑著說：

媽媽！你好有福氣喔!能去環遊世界，看到許多新奇的事物，真令人羨慕耶！

我笑笑說：這都是要感謝把握各種機緣，和你們的成全啦！不過，媽媽這輩子也很打拼工作、追求上進耶！

她接著說：對喔！我媽媽一向做任何事，都很盡心盡力，把小孩教好，把家庭管理好好的，又寫了很多本暢銷書，還到全省演講耶！

她停了一下，再神祕地笑一笑說：

媽媽！有一件事，我過去都沒跟你提過，現在就說給你知道啦！就是我念「北醫」新生入學時，要填寫一份調查表，其中有一欄是要寫「我最崇拜的人物」我寫的就是媽媽你耶！

她說完，兩人就相對哈哈大笑起來了!

這次環球旅行，才讓我有很好的機會，跟女兒分享許多美好的回憶，和有趣的往事，真是賺很多喔！

海明威紀念館 下　古巴

　　我看到庭園裏的樹蔭下，有一女士悠閒地坐在的椅子上看書，我笑著說：看到你，就好像感覺當年海明威先生，也曾坐在這裡看書的情景耶！請教大名時，她大方遞給我一張名片，原來她是從中國來的會計師呢！

　　兩人正在交談時，忽然聽到後方不遠處，導遊對別的遊客說：

　　海明威乘坐的遊艇，就停在屋前右下方的海邊啊！快點去看一下，要趕緊回來喔！山下的遊覽車正等著要開車啦！

五. 幸運觀賞到釣魚艇

　　我倆趕緊照著指示牌，快步跑下坡，很快就發現了它，是紅、黑搭配的顏色，外觀還很漂亮，趕忙搶著按下快門，只拍照兩、三張，也環視一下四周，就趕緊回頭了。

　　這條是載著他出海捕魚的「皮拉爾號」釣魚艇，是由一位多年替他開船的合作夥伴駕駛的，海明威後來離開古巴時，就把此船贈送給這個名叫富恩特斯的漁夫，最後漁夫轉贈給古巴政府，才能保留至今，提供給幸運的遊客觀賞。

六. 浪漫情懷愛貓成癡

　　其旁還有一個游泳池，是他情婦的最愛；池旁有他的四隻愛貓的墳墓，墓碑個別立有牠們的名字，這些好伙伴，生前一定陪他度過許多歡樂時光，因而備受寵愛，才會跟他一起留名千古

啊！

聽說，海明威是愛貓成痴，有一隻六趾貓，更是他最喜愛的吉利之貓；因他常出海釣魚，而行船人養貓可在船上抓老鼠，是船上貨物的守護者，貢獻很大，故貓在當地被奉為「幸運之神」呢！

我倆是半跑著下山歸隊的，我們都說超值得，滿足了我們的好奇心，多看就多賺到了，有些車上的朋友都好羨慕我們的巧福耶！

海明威在獲得諾貝爾文學獎後，他把獎牌獻給古巴的守護神「仁慈聖母」至今還放置在聖堂的神像前，作為永久紀念品。獎金一部分就運用來買此間別墅，後來改成紀念館，才能保留這份珍貴的文化遺產，真是很明智的抉擇耶！

七 . 名人進出的漁港

小小的科希瑪漁村的港口，是海明威出海捕魚時，漁船都是在此港進出；在此處可遙望名著「老人與海」書中，所提老漁夫與馬林魚搏鬥的墨西哥灣。沿岸由石塊堆砌而成的圍堤，有些飽受風霜的復古美感。天藍、海藍，小村落民房外牆也是漆成藍，連我都快變藍啦！—懶洋洋，讓人感覺無限悠閒、舒爽！

他常在海釣回來後，就在德拉拉薩酒店吃飯、喝酒和聊天，聽很多漁夫講精彩的故事，日後往往成為他寫作的題材。

研究海明威的學者認為：「老人與海」的主角聖地牙哥的形象，是取材自古巴老漁夫富恩特斯，所述說的真實故事撰寫的。他也是海明威的船長兼廚師，一直陪伴他很多年，兩人公、私情誼深厚，是最麻吉的合作夥伴。

這漁港和漁村是海明威創作「老人與海」名著的背景。這使我想起古人說的「山不在高，有仙則名；水不在深，有龍則靈。」我也加上一句「村不在大，有名則旺。」

八. 文化特色景點

這次船方安排的「拜訪文豪海明威故居」景點，內容豐富，增加很多寶貴知識，滿足了很大的仰慕心情，十分有價值。

此行讓我大開眼界和耳聞，也記錄下很多珍貴史料，更應證了「百聞不如一見」的樂趣。真是收穫滿行囊，快樂百分百耶！

我建議主辦的旅行社，在今後的每次旅程中，能多安排像這樣充滿人文氣氛的景點；不要只注重吃得好，或住得棒的小事，更重要的是，讓我們多參訪人文或藝術殿堂等，具有當地文化特色的景點，若能有像這麼超棒的安排，將會更受遊客喜愛和讚賞的。

※摘錄海明威名言如下：

1.每一個人都需要有好友跟他開誠布公地談心。

2.人可以被毀滅，但不能被打敗─「老人與海」書中名句。

3.自己就是主宰一切的上帝，若想征服全世界，就得先征服自己。

慕 凡 開 講／三十三

莎莎舞晚會泡湯記　古巴

【請參看照片第 202 張】

　　莎莎舞有「拉丁大秧歌」之稱，風格比較平民化，可自由表達舞步或動作，強調個性化、不受拘束；同時，由於是脫胎自拉丁舞而成，它保留了典雅風格。莎莎舞的特點是手腳的動作幅度比較小，上半身的動作變化多，胸、腰、胯的扭動幅度較大。

一．興奮期待變落空

　　我是爲了滿足好奇心，想親身體驗一次聞名的莎莎舞會，才另外再報名並繳費日幣七千圓，去參加「和平之船&古巴友好交流莎莎舞慶典活動」，是在11月3日夜間實施的活動。

　　當晚會場確實十分擁擠和混亂，但那是主辦酒店處理不當的責任；主因是當天下午約3點左右時，天空突然下大雨，直到傍晚還未停，本來該酒店安排在室外露天庭院的會場裏，有表演舞台及觀衆座椅，只好把一部分座椅搬到室內一個小廳堂內舉辦。

二．大雨打亂晚會興緻

　　我是搭乘第一梯次專車來到該酒店會場，有聽過歌手演唱幾首熱場的莎莎舞歌曲，晚一點到的觀衆根本就進不來，小小會場來賓像擠沙丁魚般貼肩站著；場面很混亂，舞會更開不成了，只好被迫提前取消活動了。結果我是搭船方首部遊覽車，在八點多就逃離現場回船上了。

三．船公司誠摯的道歉

這件事，照理說，船方只是被牽連的受害單位。但為了表達承擔負責的過失，第二天清晨約六點鐘我出門時，赫然在門外信箱內就收到了，船方為這意外事件的「道歉信」表達情真意切的歉疚心意。

我讀後當時很受感動，驚訝船方竟如此真誠，及時處理此事，行動明快，工作效率超高，令我感到萬分意外。我想昨晚他們一定動員很多人力、物力，連夜趕工才完成，像寫信、印刷、分裝入袋等工作，還要派專人把信投遞到，住在不同樓層的賓客信箱內耶。

接著在兩天內，竟通知我們要辦理「全額退費」讓船方為此意外事件，道歉又賠錢以補償大家，我深感不捨和不安，船方萬分的誠意，做事明快又負責任的態度，真是令人敬佩，也很值得借鏡學習。

建議：

這件事我建議當天可這樣處理：

當天是下午三點鐘就下大雨，距離晚會還有三、四個鐘頭準備時間，我建議船方或酒店可有下列「危機處理」方法：

1.搭建棚架遮風雨

船方可建議該酒店，快速在露天廣場上方，搭蓋遮雨棚架，使用塑膠布當屋頂，因應配合當地常有突然下驟雨的氣候，平時就要準備有這種設備的；就像台灣很多廟會、壽宴或婚宴舉辦時，都在戶外搭棚子用來遮風、避雨或防太陽晒。

2.事先安排分散賓客

　　另一個緊急處理辦法，就是可以事先請求酒店設法，把約有兩百多人參加的我方賓客，直接事前就轉送「疏散」一部分人員，到其他同性質的酒店；如此，就可化解這個驟然發生的難題了。

　　以上是我一片真誠、善意和愛護之建言，謹熱心提供今後處理的參考。萬分感謝船方明智和圓滿的處理方式，也謝謝工作人員的辛勞！

慕凡開講／三十四

回答及建議問卷調查表 船上

　　早上船方派人送來一份「Peace Boat 海外乘客問卷調查表」

　　剛才趁午睡醒來後，頭腦很清醒時，趕快填寫表格內容，我一直記住外子的一句話：**今天非做不可的事，一定要優先做完。**

　　我花了約一個半小時才寫好，問答內容如下：

問題一：是否有持續參與的船內企畫內容？

答：有的，因上次10月26日我的「自主企劃」曾演講過這個題目：「講笑話 學幽默 當笑長」很多聽懂華語的聽眾，事後一直請求我再多講一場。但我每天參加岸觀行程後，就要寫「航行日記」又要上日、英語課程、聽精彩的演講，還有欣賞表演節目，我的學習活動已經夠忙了。不過，大家的期望，我會再考慮的。

慶祝紀念世界「地球日」那天，船方先後兩天籌備舉辦許多活動，作為船中一份子的台灣人，我也要表示熱情支持，所以我也配合應景，貢獻一己之能力，講一場「**家人做環保 地球會更好**」演講會，舉例說明個人如何在家庭生活中，做好各種環保工作，達到節能減碳愛地球。

我演講時，和聽眾互動多次，大家熱烈討論、交流，氣氛、回響都很熱烈。所以船方創設「自主企劃」的活動，大家都很支持和稱讚，而且收穫很豐富。

問題二：是否有想要在船內挑戰的企畫內容？

　答：有！因許多演講、文件、影片等內容，**現有播出螢幕文字或旁白說明都只有日語或日文較多，希望將來能也有用中文，或華語的說明「口頭或文字都好」，因將來搭乘此船的客人，說華語的乘客會越來越多。**例如台灣人、中國人、香港人、新加坡人、馬來西亞人等，這樣可促進雙方溝通、瞭解，彼此交流、互動會更順暢。

　　另外，我也建議再加強人際關係的企畫內容，例如情緒管理、船上生活禮儀、如何建立良好人際關係等課程。

問題三：曾有過令你印象深刻的企畫內容嗎？

　答：有很多，尤其是船方每到要停靠某國之前，都會在電視或船內新聞中公告時段，要播出即將拜訪國家或地區景點的簡介，像幣制、匯率、交通方式、行動守則等；更會提醒人身及財物的安全要領。又排定在不同時段，輪流用日、華、英三種語言說明，我通常三種都收看兩、三遍，並作筆記，把握機會教育，順便學習各國觀光用語嘛！

　　特別是，前幾天通過巴拿馬運河時，不僅在前一天晚上發行的「船內新聞」中，就有特別醒目預告，當天更是多次廣播，現場提供很多數據或資料等，讓我們增加許多知識和樂趣。

　　我是全程觀賞，而且有作筆記，事後又在六樓的「小賣部」，購買「巴拿馬運河介紹」小冊子，和幾張很漂亮的明信片。真是完美的服務。感謝又感恩，我回國後，會

在演講中多加宣揚此項善舉的

問題四：有設想過「如果有這個企畫那該有多好～」的想法嗎？可否舉出兩例？「不限」

答：有一件事，我曾向CC「船上志工」花花小姐說過，就是11月3日舉辦的「古巴親善莎莎舞慶典活動」船方處理善後的誠意態度，表達我的感謝、感動和敬佩的事。

感想：

我把上面認眞寫好的這份問卷，交給船方工作人員花花小姐，她彙集大家的問卷後，再轉交給上級長官參考。當她看到了，我寫了滿滿整張紙的內容時，十分驚喜，並一直點頭稱讚和道謝呢！

這是我回饋船方和道謝的好機會！只是我現在覺得有點可惜，當時因趕著要交卷，我竟忘記把原稿拍照留念啦！所幸當時我有把內容存檔在日記裏，現在我把它發表出來，希望也提供給有關人員或讀者參考。

慕凡開講／三十五

藍山咖啡真相　牙買加

　　牙買加的藍山，是位於北緯25度和南緯25度之間的咖啡帶，真正的藍山咖啡數量非常少，每年產量不過4萬袋「約240萬公斤」它的味道芳香、滑順、醇厚，略帶苦味；口感調和，風味極佳，適合做單品咖啡。它採用的是中度烘焙，這樣可以最大程度地，保留咖啡的原味，而且會增強它的餘味。

　　最好的藍山咖啡豆是No.1 peaberry，也稱為珍珠豆，是海拔2100米的產品中精挑細選的小顆圓豆，精品中的精品。香味十分濃郁，有持久水果味，中度烘烤顆粒較飽滿。

　　藍山咖啡的咖啡因含量很低，還不到其它咖啡的一半，符合現代人的健康飲食概念。純牙買加藍山咖啡將咖啡中獨特的酸、苦、甘、醇等味道，完美地融合在一起，形成強烈誘人的優雅氣息，是其它咖啡望塵莫及的。

　　喜愛藍山咖啡的人稱讚：「它是集所有好咖啡優點，於一身的咖啡美人。」因為藍山咖啡的味道適度而完美，所以藍山咖啡一般都以黑咖啡的形式飲用。

　　最早的牙買加藍山咖啡，是指「華倫福特農莊」與「銀丘農莊」所出產的咖啡，現今的牙買加藍山咖啡，則泛指的是生長在牙買加首都「金斯頓」以東的藍山地區的咖啡豆。

　　牙買加藍山咖啡，是生長在島上美麗藍山的高海拔地區，擁有珍貴火山土壤，空氣清新，具咖啡的優良種植，和後天的絕佳

環境，產量稀少，被認為是世界上最好喝的咖啡。從選種、種植、採收、加工分級到包裝出口，牙買加藍山咖啡可說是咖啡裡的最佳模範生。

　　現在馬威斯邦是最大的莊園，據地陪說，現在一般人已買不到這裡出產的頂級咖啡，因早在前一年就被日商全部預定光了；所以所買到牙買加咖啡時，可別以為是買到了藍山咖啡。

　　事實上，今天的藍山地區僅有6000公頃種植面積而已。台灣也有賣藍山咖啡，我因早知我家二哥，每次開長途汽車回彰化老家時，常會買罐裝的當作提神飲料；所以我就跟著地陪，去超市買了兩罐，另一罐是送給我先生，當作送他們的伴手禮。

　　藍山山脈位於牙買加島東部，因該山在加勒比海的環繞下，**每當天氣晴朗的日子，太陽直射在蔚藍的海面上，山峰上就會反射出海水璀璨又亮麗的藍色光芒，故有「藍山咖啡」的美名。**

慕凡開講／三十六

巴拿馬運河傳奇　巴拿馬

【請參看照片第 218-226 張】

　　巴拿馬運河於1904年開工，1914年完工。巴拿馬運河位於美洲大陸中部，縱貫巴拿馬地峽，是一條溝通太平洋和大西洋的船閘式運河，及國際航道，使太平洋與大西洋之間的航程最多可以縮短1‧26萬公里。運河全長81‧3公里，寬152～304公尺，水深13.5～26.5公尺，要進入巴拿馬運河前，需先通過三層水閘門。

　　運河最窄處為152公尺，最寬處為304公尺。從運河中線分別向兩側延伸16.09公里所包括的地帶，為巴拿馬運河區，總面積為1432平方公里。

一．世界橋樑貢獻巨大

　　運河的開通使美洲東、西海岸航程縮短了7千至8千海浬，亞洲到歐洲之間的航程縮短4千至5千海浬。開通後的巴拿馬運河，大大地促進了世界海運業的發展。目前巴拿馬運河每年承擔全世界5%的貿易貨運，有1.4萬艘船隻從這裡通過。因此，巴拿馬運河素有「世界橋樑」的美譽。

二．黃金水道曾是殖民飛地

　　不過，運河的開鑿和通航之初，卻使巴拿馬喪失自己主權和領土完整，因美國把運河區變成名副其實的「殖民飛地」一切經營

和管理，是全由美國政府全權掌控的。

　　直到1999年12月14日，美國向巴拿馬政府歸還運河主權，移交的儀式，是在巴拿馬運河的「米拉弗洛雷斯」船閘舉行。從此以後，這條溝通太平洋和大西洋的「黃金水道」的主權，才真正歸還給巴拿馬政府擁有和管轄。

三．主要的權宜船旗註冊國

　　巴拿馬是全世界，最主要的權宜船旗註冊國，據2007年統計，有4954艘船舶登記為巴拿馬籍。我們搭乘的這條日本的「和平號」也是在此國註冊。**巴拿馬運河是世界上最具有戰略意義的，兩條人工水道之一，另一條為蘇伊士運河。**巴拿馬運河是世界上第二長的運河，僅次於中國京杭大運河。

四．過路費要收多少錢？

　　一條船要通過運河船閘時，一前一後需要用兩輛拖車，使用一輛拖車是要價195美元。每艘船隻若想行經運河，都須繳納很高的天價過路費。不過，詳細實際收費方式，還是會有差別的，據說，郵輪收費會參考船隻噸位數大小，或旅客床位數目多少等個別因素，來計價收費的。而且收費也時常因客觀因素而會做調整的。一般平均通行費用大約為54,000美元。

　　迄今為止，**最高的船隻通行費用，出現在2010年4月14日的挪威「明珠號」上，這艘船支付了375，600美元的費用。**此外，卽使游泳過河也要收費的，這成為巴拿馬運河的有趣軼聞，並創下迄今為止，**最低的通行費用36美分，**由美國探險家理察・哈里伯敦，於1928年游泳通過巴拿馬運河時繳納的。

慕凡開講／三十七

昂首向前走 　船上

　　日語課教的這首名歌「昂首向前走」源自於日本演歌「上を向いて歩こう」歌詞描述一位悲憤的男子，深夜孤獨在街頭徘徊，必須藉抬起頭仰著臉，以堅強忍住不讓眼淚滴落的情景。

　　由歌手坂本九演唱而走紅；但是很惋惜，坂本九先生卻在26歲時，因空難意外而早逝。它是1961年在日本盛行，後來海外發行時改名爲「壽喜燒」—Sukiyaki。作曲者是永六輔。歌詞日、華文轉載於下。

上を向いて歩こう　　昂首向前走　　坂本九 演唱

日文、華文歌詞對照：

上を向いて歩こう　涙がこぼれないように
　　昂首向前行　努力不讓淚水滴下來

　思い出す春の日　一人ぼっちの夜
　　想起那個春天　孤單一人的夜晚

上を向いて歩こう　にじんだ星をかぞえて
　　昂首向前行　數著微光的星星

　思い出す夏の日　一人ぼっちの夜
　　想起那個夏日　孤單一人的夜晚

　幸せは雲の上に　幸せは空の上に
　將幸福放在雲端　將幸福放在天際

上を向いて歩こう　涙がこぼれないように
昂首向前行　努力不讓淚水滴下來

泣きながら歩く　一人ぼっちの夜
流著淚踏著步伐　孤單一人的夜晚

思い出す秋の日　一人ぼっちの夜
想起那個秋日　孤單一人的夜晚

悲しみは星のかげに　悲しみは月のかげに
將悲傷放在星星的陰影　將幸福放在月亮的陰影

上を向いて歩こう　涙がこぼれないように
昂首向前行　努力不讓淚水滴下來

泣きながら歩く　一人ぼっちの夜
流著淚踏著步伐　孤單一人的夜晚

一人ぼっちの夜…
孤單一人的夜晚…

感想：

　　這首老歌是歷久彌新，詞、曲都很優美耶！特別是那句「昂首向前行 努力不讓淚水滴下來」表現堅忍的意志，詞意更佳，我深受感動！讀者可在網路上聆賞或學唱一番喔！

　　我在台灣要出國前，曾先去補習日語課程，老師也曾教過這首歌，但那時候家管工作繁忙，沒有時間好好演練；這次到船上才有自己的時間，就能好好練唱，終於學會唱了，好開心喔！

　　可見學習語言或唱歌，就是要花時間、下功夫、多練習，才能學得快又好。正如俗話所說：

　　一日三練，三日九練，久煉成鋼。

慕凡開講／三十八

秘魯跟想像的大不同　秘魯

【請參看照片第 228-234 張】

一．明天早上的太陽

在影片中，常聽黑道威脅被擄的肉票說：「你再不乖乖聽話，我就讓你看不到明天早上的太陽！」意思是說今晚就要殺掉你啦！

「秘魯的西部會讓你看不見早上的太陽！」地陪神祕地說，我乍聽覺得很奇怪，現實裡怎會真的發生這種事啊！聽了地陪說分明，才啞然失笑起來。

原來是在它的特殊地形上，因為東邊和西邊中間，隔著一條很高大的安地斯山脈，擋住了朝陽，才無法看到東邊早晨升起的太陽啦！每天都只能看到西下的落日耶！這次旅程總算又大開眼界和耳聞了。

二．赤道一定熱壞了

我們都知道秘魯是赤道經過的國家，想像它應該是熱得要命，結果去了當地竟然很意外，感覺天氣滿溫和、涼快又舒適耶，原來是因為它整年有太平洋的濕潤海風吹拂過來，所以氣溫並不高，這也印證了「眼見為憑」的俗語。看到真實情境後，真的跟憑空想像的大大的不同。此行太值回票價了。

心得：想像跟事實真的會有很大的落差，眼見為憑，此為明證。

三.馬丘比丘之謎

　　馬丘比丘（Machu Picchu）位在南美洲的秘魯，是前哥倫布時期印加帝國的遺跡，位在海拔2350～2430公尺的高山上，素有世界七大奇景之一，有「天空之城」的美譽。此城的建造、興盛及衰滅原因，至今仍成謎團，也正是吸引遊客探險的亮點。

　　從巴拿馬搭機或坐船到秘魯的卡雅俄，再轉搭小飛機去庫斯科、馬丘比丘遺跡、烏尤尼鹽湖、神聖谷地等景點，其間還要搭火車、坐巴士、快走或爬山—有人需用狗爬式，因坡度太陡，怕會摔倒；坐的是「紅眼飛機」—因晚歸早出而睡不足，常常紅著眼睛上飛機的。

　　據好幾位去參加的船友跟我分享說，是很好玩、但很累、行程更很趕。**體力不夠好、患有高山症或年齡稍長者，最好慎重評估才行。**

　　船方事先曾在船上播放，有關日本探險隊去馬丘比丘的空拍紀錄片，內容精彩又完整；據去過的船友說，還比親自去現場看更清楚。我去觀賞了兩遍，算是很滿足地神遊一番了。

四.可愛的「再見男孩！」

　　我們除了欣賞到全景的馬丘比丘風光外，也看到影片中介紹一個有趣的故事：

　　就是有一位當時才八、九歲的男孩，身穿長袍，固定守候在山區路旁某一處，對著坐遊覽車經過的遊客，揮動雙手並大喊著：

　　「Good－Bye！ Good－Bye！」以賺取遊客從車窗投下的賞錢，日久傳開後，大家都暱稱他是：「Good－Bye Boy！」

20年後，日本探險隊又來該地區，想打探這個小男孩的消息，透過筆電螢幕影像，秀出當年他的模樣和事蹟，果然輾轉找到已二十八歲的本尊；他現在擔任社區警衛工作，已經結婚，還帶訪客去他家和他妻子見面，又拿出他當年所穿的那件黃色長袍展示，露出笑容跟來訪的記者說：

　　我一直珍藏著這一件衣服，等將來我有小孩時，我會告訴他，爸爸和這件衣服的故事。

　　這真是一個溫馨又充滿人情味的插曲啊！

慕凡開講／三十九

為此而活「What We Life For」 船上

我們每次要離開港口時，船上就會播放這首[What We Life For]— 為此而活，是由聲量宏亮，教我們英語的Tiffiny老師帶頭唱，詞曲都十分高亢、激昂，傳達出追求美夢的渴望。很多船友都跑到甲板上去參加離港儀式，並跟著一起唱。英、華歌詞轉載於下：

What We Life For　　為此而活

I drive a beat-up car, a caravan, the color blue
我開著輛破露營車 烤漆藍色

Reminds me of your eyes and all the places we've been to
想起你的藍色眼珠和那些我們去過的地方

We're tethered to the leather, searching for a better view
繫好安全帶 我們去尋找更好的景色

It's interstellar when it's me and you
就你和我 準備出發外太空

We're taking off
起飛啦！

We're taking off
起飛啦！

This is what I live for
我就是為你而活

Baby, you're my open road
寶貝 你為我展開道路

You can take me anywhere the wind blows
帶我去任何地方

Right into the great unknown
乘著這道風抵達無人知曉的密境

We can throw our hands up out the window
我們將手伸出車外

This is what we live for
就該這樣活

We look up at the stars, a perfect night to dream with you
仰頭看著星斗 這個夜晚好適合做個有你的夢

Got 90s retro on the radio, our favorite tune
我們最愛的90年代復古歌謠播送

I put the pedal to the metal just to laugh with you
沿途風景被我們的笑聲拋在背後

It's interstellar when it's just us two
就你和我 準備出發外太空

------※Repeat[重複]------

慕凡開講／四十

創意的生活美學 船上

【請參看照片第 244-250 張】

一. 裝飾天花板好巧思

　　天花板加裝這一道白紗的巧思，在廳內不僅可減弱直射的刺眼燈光，更可產生柔和又夢幻的情調，更重要的是，在屋內可遮擋住單調的天花板；在屋外的，不僅可遮擋直射耀眼的陽光，還可遮擋住裸露的帆布棚罩，真是很美妙的創意裝飾呢！

　　這一點，我們台灣的業者，尤其是流行在戶外活動的廟會或外燴的辦桌，是很值得多加觀摩、學習的。

　　會場佈置是需要多加美化，以改善生活品質，提升文化水準；我特別拍照下來，以供專業人士或主事者參考。我一向喜歡研究「生活美學」出國見習各種裝置藝術，也是我旅遊的收穫之一喔！

二. 團體遊客戴帽識別

　　有一次在參觀一個古代王宮時，因是熱門景點，所以觀光客很多，我們在門外排隊等候一個多鐘頭，大家都被大太陽曬得熱昏了；這時我發現有另一團體都戴黃色帽子，整齊又美觀，十分搶眼。

　　因此，我建議旅遊團的主辦單位，最好能統一準備一頂團體的帽子，費用可加入旅費內，以便分發給團員戴上。不僅能當作識別標誌，也可遮陽、擋風或避細雨；最好是很耀眼的黃或紅

色，而且材質是能透氣的。

請記得，要在帽簷內面左、右加縫上兩條細帶子，方便交叉綁在脖子下方以固牢帽子，才可避免在人群擁擠時，不小心被擠下或掉落，尤其是戶外活動時，不會被突來的陣風吹走了。

戴帽子最大的好處，就是很方便認出本團隊員；因觀光景點，很多團體聚集、混雜在一處，要是有人被擠散脫隊了，這時有戴帽子在頭上，導遊要找人時，很輕易一眼就可認出團員了；總比在胸前掛名牌，或穿制服更管用吧！

若讀者平時，要自己在帽簷縫上帶子，我建議使用新或舊的鞋帶最方便了。這是我考察的心得，值得提出跟國人分享。

三 . 窗簾的創意裝置

在瓜地馬拉國，有一天要去古都安地瓜參觀「世界文化遺產」景點，因車程很遠，當時太陽又很大，我在拉窗簾遮擋陽光時，發現有很特別的設置，就是除了一般在上方鋪一條軌道，用拉環套住簾布外；它還在窗簾布最底端處，再增裝一條同樣的軌道和拉環，這樣就可更固定住窗簾的下擺，不會被冷氣孔吹出的風掀起晃動。上下一齊拉動就可完全遮擋住陽光，十分實用又美觀。

小小新奇創意，卻獲大大效益！很值得參考耶。

四 . 依左右排輪流下車

這是跟一位地陪學習的，她每次快到達景點前，就先宣佈說：「這次由左邊這一排貴賓先下車，右邊這排貴賓請留在座位上，稍等候一下再下車。」

等到第二處景點要下車時，就宣佈：「這次由右排貴賓先下車，…。」這樣安排輪流先、後下車，可避免車停下時，遊客同

時都站起來等著下車，但站著等太久就會煩躁不安，甚至會爭先恐後搶著要下車。

如果是一整天的行程，則可約定早上、下午輪流一次就行了，不過，跟隊的導遊，每次要下車前最好能再宣佈一次，避免有些人會搞混了，此舉很值得學習。

順便一提，上車選坐位，最好是挑跟司機座位同一排的後面，比較安全。如果你長得高或雙腿比較長，我建議你要挑車子座位最後算來第一排或第二排的，因那兩排座位擺放雙腿和雙腳的地方比較寬敞，坐起來會較舒適些。還有，每次上或下車時，不要當第一位或最後一位的乘客，比較安全。

五．保護人財兩安

外出旅遊一定要注重人身和財物安全，有一個幽默的警語說：身上的背包，你放在背後是他人的；放在側邊是跟別人共有；放在胸前才是自己的。

因觀光地區遊客常發生被搶劫、強奪或偷竊等事。所以各位要謹慎保管自己的證件和財物等，記得搭車、購物、飲食、賞景、拍照等，都要財、物和證件不離身，一定要跟緊團隊，也要結伴同行，可互相照應。這樣才能快快樂樂出遊，平平安安享福！

以上就我觀察所得，舉出幾個例子，提供各位參考。生活美學就是研究如何能讓，每天生活更加簡便、舒適、愉悅的學問，是可有無止境的創意，小小改變，卻大大方便；所以追求「生活美學」是無極限的，這也是促進社會進步的原動力。

生活安排有創意，處處活動更便利；

快快樂樂享情趣，天天開心又如意！

慕凡開講／四十一

就地取材笑話 船上

【請參看照片第 264-266 張】

這是我第三場演講，題目是「講笑話 學幽默 當笑長」在開場我先講就地取材的笑話，現補充說明如下：

一．知幾知筆

因當時有不少船友，會在臥房內收看電視正在播出的「三國演義」連續劇；這是歷史上三國時代蜀國「桃園三結義」中，張飛將軍鬧的笑話；張飛是屠夫出身，沒念多少書；他每次要帶兵出去打仗前，就命令部下要蒐集軍營中的筆，數一數、算算看總共有幾支。屬下問他原因，他妙答：

你沒聽過孔明「諸葛亮」軍師常說：

知己「幾」知「支」彼「筆」，百戰百勝嗎？

我算過有幾支筆後，出征打仗就一定會獲勝的啦！

我現場還帶一大把原子筆，拿在手中誇張地細數一下，模擬當時情景，更加傳神逗趣，贏得熱烈掌聲呢！

慕凡笑說：張飛過去沒機會好好讀書，才會誤解孔明的話意。說笑啦！

二．酒店笑話

因剛剛去過墨西哥，欣賞過海邊酒店的美景，我就講了幾個酒店的笑話，我還藉機唸一首打油詩：

男人不喝醉 女人沒小費 女人不喝醉 男人沒機會

男女不喝醉 酒店沒人睡 兩人睡醒後 請問你是誰

聽眾聽了，笑得更開心了。

慕凡笑說：這是有些酒店的歡場現形記，純屬嘻笑之詞，博君歡笑啦！

三．地震笑話

我們在瓜地馬拉正巧遇到，今年因火山爆發而引起多次地震，於是我講了一個跟地震相關的笑話：

有一位胖大叔，平時就很熱心助人，有一天正在浴室洗澡，突然發生大地震，他立刻衝出家門，跑到大街上揮舉毛巾，不停地大喊：

各位朋友！ 請大家鎮靜，不要慌張、不要亂跑，…。

許多婦女看見他，都嚇得唉唉叫，趕緊跑開！

一名警察見狀，趕快跑過去猛拍他的肩膀說：

兄弟！請你自己先鎮定一下，趕快跑回家把衣服穿上吧！

慕凡笑說：**大叔自己一時太慌張，竟全身光溜溜就跑出門去了。**

笑話往往說的比寫的更精彩，因聲音有大、小、高、低之別，再加上有表情和動作助興，所以會更好聽、更好笑耶！

慕凡開講／四十二

永受尊崇的大慈善家 美國

　　美國「鋼鐵大王」安德魯・卡內基「Andrew Carnegie，1835-1919」他征服鋼鐵世界，成為美國最大鋼鐵製造商，躍居當時的世界首富；在美國工業史上，寫下輝煌成就的一頁。然而最令人稱頌的卻是，他在功成名就後，**竟慷慨把幾乎全部的財富捐獻給社會，作為公益建設或慈善事業用途，這才是最值得世人敬佩和學習的典範。**

　　他從事慈善義舉的事蹟，很值得多加介紹如下：

　　1911年，卡內基以1.5億美元創立「紐約卡內基基金會」奠定了現代慈善事業的基礎。卡內基在事業有成之後，仍然津津樂道的，就是談起他當年在匹茲堡工作時，每週六下午熱切地等待，要去圖書館看書或借書的雀躍心情，以及圖書館藏書帶給他的快樂與滿足。**他深深親自體驗到圖書館是知識的寶庫，是最能世代傳承的文化堡壘。**所以1881年他捐資建立了第一座圖書館。

　　自此之後的十六年內，他一共樂捐一千兩百萬美元，興辦了約三千個圖書館，在其他國家例如加拿大、英國、紐西蘭、澳大利亞等，也都有他捐建的圖書館。

　　卡內基曾說過：「**當你為社區興建一座圖書館，就像為一個沙漠引進一條永不枯竭的溪流**」他最能體會「知識就是力量」的精義。

　　他也宣稱：富人有責任用他們手裡的錢，來讓整個社會和世

人，廣受恩惠、益處。

　　他更購買大量土地開闢為國家公園，提供大家休閒、遊憩場所。他也在匹茲堡創辦了卡內基大學，培育國家人才，嘉惠無數後世學子。

　　1919年卡內基逝世前，一共捐出三億五千萬美元。

　　卡內基認為富人的財富不應當傳給自己的後代，臨終前還立下遺言，要將剩餘的三千萬美元全部捐出。他又說出名言：

　　一個人死的時候，如果擁有巨額財富，那就是一種恥辱。

　　卡內基的慈善行事，引起不少富豪紛紛效法學習，這個慣例一直延續到了現在。像美國微軟公司的創辦人比爾蓋茲就是其中一例。

　　卡內基的善行義舉，很值得作為富豪們的榜樣，也為後人所感恩、敬佩和稱讚，他大公無私地奉獻私產，大舉從事慈善事業的典範，恩澤惠及無數後人，因而名留千秋萬世，永受世人尊崇、感謝和懷念。

慕凡開講／四十三

美國夏威夷印象　美國

【請參看照片第 287-292 張】

一.珍珠港遊客中心

　　我們停靠在美國夏威夷的檀香山港，我參加的是「環島之旅」行程，早上先去「莫娜魯亞花園」觀賞奇特傘狀的「日立樹」隨後又去「珍珠港遊客中心」參觀二戰的許多史蹟，看到「亞利桑那號」紀念戰艦時，我想起多年前，我跟外子一起來參觀時，導遊曾說，當時該艦上有一對父子檔，不幸都被炸沉而雙雙陣亡了；所以，此後美國政府就修法規定：

　　父子或幾等親內的軍人，不可派駐在同一條艦上服役。這也是記取歷史給的教訓吧！

　　珍珠港最初因出產珍珠的貝類而得名，後來才改成軍港的。

二.杜爾鳳梨園

　　參觀杜爾鳳梨園紀念館，創辦人詹姆斯‧杜爾，是美國哈佛大學農學及商學兩院的畢業生。他學以致用，在1901年在此設立公司，全盛時期，周圍村莊居民都靠他的鳳梨農場和加工廠工作維生。導遊又說，現在這行業已經沒落了，因鳳梨產業，人力、物力成本太高，而經濟價值又太低，只好轉型成觀光園區了。

　　我們在此陳列館內，看到琳瑯滿目的商品，只要印上它的商標，就可賣得高價；更有排長長人龍的訪客，等著購買各種鳳梨

製成的冰淇淋，我也湊熱鬧，買一球較便宜的基本款，也要美金六塊錢耶！憑靠著過去輝煌的盛名，轉型成觀光產業，反能輕鬆賺大錢呢！

　　杜爾鳳梨園，有三項須付費的遊樂主題：鳳梨園迷宮、火車遊園和不同主題的植物園導覽。

心得：杜爾鳳梨園適時轉型成功的案例，讓我領悟和印證了：
　　　「窮則變，變則通；識時務者為俊傑。」等物競天擇，適者
　　　生存的大道理。

三.特優生物保育法

　　我們沿著北海岸前行，欣賞美麗的海水、海浪，衝浪人。北岸有不少很適合衝浪的海灘，因有來自太平洋的大浪，是衝浪者的天堂。夏天海浪較小又很平穩，也曾經在這裡舉辦過世界知名的衝浪大賽呢！

　　在那裡海岸地區，政府有訂法規定，**遊客若看見有綠蠵龜、海狗等保育類的動物，在沙灘上曬太陽、做日光浴時，要立刻離開兩英呎遠，不可干擾牠們。**

　　這是對稀有動物，最好的保育政策，很值得我國參考或學習。

　　夏威夷島上有很多會走路的樹，名叫「卡哈拉」樹，因它的樹頭根部會再生長出很多條根，而且都露出在地面，外觀看起來就像長出很多支樹腳一樣。還真大開眼界，很稀奇，從沒見過耶！

四.鑽石頭山命名由來

　　我們去看「哈魯納噴泉口」觀賞它間歇地噴出冒熱氣的岩漿，滿新奇有趣的。快黃昏時，才到「鑽石頭山」的山下，只能遠遠觀

賞一番，它是一座死火山，19世紀英國水手所命名，**因他們當時把地上石頭中方解石結晶，誤認成是會發亮的鑽石啦！**

我們就到此結束環島一周行程了。雖是走馬看花，但也增長了不少新知和見識耶！

五．期待再相會

夏威夷的檀香山已是我們行程最後的靠港站，大家朝夕相處了三個多月，很多船友們都變成好朋友，卻轉眼已到要離別時刻了，彼此都深感依依不捨。

不過「今天的離別，是為了他日的重逢。」、「**沒有離別，就沒有歡聚。**」我們就用這樣開心的期待，來安慰、鼓勵彼此吧！

我想起學生時代童軍課教的夏威夷民謠「珍重再見」就唱這首歌來祝福大家吧！

珍重再見　　　夏威夷民謠

綿綿密密的烏雲堆滿山頂 籠罩著那山頂上的樹林
那山谷中吹來淒涼的野風 激動起我們的別思離情
珍重再見 珍重再見 親愛的朋友 離別就在眼前
從今以後 再相見前 我們會感到心酸

慕凡開講／四十四

回憶歌曲　美國、西太平洋

【請參看照片第 301 張】

　　日籍音樂家里地歸先生，事先徵求船友寫下此行的心得或感想，他再綜合大家的心聲當歌詞，融入譜成這首新曲的旋律中，這是非常有意義又珍貴的創舉。歌詞分日、華、英語版，華語版內容如下：

回憶歌曲　　里地歸 曲　　船友們 詞

第一段：

有淚 有笑 與你相遇的世界

戀上了星星 青春阿姨 自我再發現

大家都不同 但是大家都很好

一起活著 直到下一次相見

我的身邊 是妳溫柔的笑臉

第二段：

船內家族 室友 邂逅 善良的工作人員

把他人放在第一位 都是好人啊

與你們相遇這個奇蹟 感激不盡

一起活著 直到下一次相見

我的身邊 是你溫柔的笑臉

第三段：

晚餐當然兩邊都去 吃太多的下午茶

希臘下大雨 暈船 馬丘比丘 全部都是美好的回憶

今日的歡樂成爲明天的回憶

一起活著 直到下一次相見

我的身邊 是你溫柔的笑臉

　　音樂家里地歸特有卽興創作的才能，他能在很短時間內，很快就譜出這首美妙歌曲，更特別的是，他把事前徵求船友們，寫下對此次環遊世界的美好印象，巧妙地運用、融合放進歌詞裏，讓大家擁有很深切的參與感。

　　演唱會當天現場，還邀請船友們組成的合唱團，跟他一起表演這首歌曲，那是最完美的組合團隊，由他自己寫曲子，船友寫歌詞，再一起演唱耶！獲得聽衆很熱烈的掌聲和讚賞，令人留下深刻的印象，這眞是最棒和最難忘的回憶歌曲！

慕凡開講／四十五

船友間的人際關係 上 船上

　　一千多位的船友要朝夕共處108天，的確不是一件容易的事；雖然船友間也曾經像郵輪航行時一樣，遭遇過大大、小小浪潮的逆襲，或一些風風、雨雨的考驗；但我們都能挺得住，最後也能順利地渡過來了，實在是很慶幸和感恩。現在我提供一些人際相處的經驗或心得，給大家參考。

一. 微笑問候打招呼

　　大家各別來自不同國家或地區，性別、年齡、價值觀、文化差異等各不相同；但能同搭乘一條船，就是有緣千里來相聚，就要很珍惜這份情緣，所以要多主動表現善意、友好的言行，例如見面時先主動點頭、微笑跟對方打招呼，並適時說出對方可能聽懂的「早安、你好！」等問候話，慢慢熟悉後，在船頭、船尾或餐廳碰面時，就可聊聊天、說說話，分享生活趣事，或一齊上課、出遊及參加活動等，漸漸地就結交成為無所不談的好友了。

二. 常用禮貌金字塔

　　把「請、謝謝、對不起！」三句話，依序由上而下排成上尖下寬的金字塔形，方便記憶，而且要時常掛在嘴邊說出口；因船內公共空間不是很寬大，走路、運動或搭電梯、爬樓梯時，稍有閃神疏忽，難免會有肢體摩擦或觸碰等，這時趕緊說聲「對不起！」致歉，以化解對方的誤會或不悅。

　　有事需人幫忙時，常說「請」是拜託，說「謝謝」是表達感恩，說「對不起」是表達歉意，禮多人不怪嘛！這是人際關係和諧的潤

滑劑。

三．熱心助人多關懷

　　船友若有人遇到困難，要及時協助他，例如幫忙指點上課教室；有人因語言溝通不順時，要幫忙翻譯、排解；有人的手機、電腦出問題，專家就樂意出手解決。一聽說有誰生病或跌倒受傷了，很多同伴就熱心提供自備的中藥、西藥或偏方給病患救急等。

　　還有彼此分享生活感想，或互為同伴學習語言，譬如我就跟一位日籍退休女老師，定時交換學習日語和華語，兩人互為師生和好友。

　　船友們十足表現彼此相親、相愛、相幫助的珍貴情誼。

四．訂定生活公約

　　船上艙房大部分是兩人房或四人房同住的，要跟陌生的人，突然湊合在同一房間生活，由於個性、習慣、喜好等不同，所以最好剛開始，大家就要先商量訂定合理的的「室友生活公約」例如：

1.訂定作息時間：例如最早、最晚的開、關燈時間等。

2.衛浴使用方法：例如衛浴間輪流及保潔守則等。

3.空間使用規則：私人物品擺放原則及整潔維護要點等。

　　先君子後小人，事先大家約定守則，才可避免互相干擾、抱怨、指責，甚至引起爭吵、打架等情事。

4.特殊狀況處理：

　　至於像有些特殊狀況，例如晚上睡覺時，有人會打呼發出鼾聲，有人會大聲說夢話，有人頻尿常起床，或因認床而輾轉難入眠，

所引發干擾室友安寧的狀況；你只能以尊重、包容或忍耐的心態對待，就當作是磨練或考驗你「修身兼養性」的機會吧！

要是情況嚴重到讓人無法忍受，為求息事寧人，那當事人只好自動搬出，改換去住費用較高的單人房啦！

五．談論輕鬆話題

剛認識的新船友，開始交談的話題，要鎖定輕鬆、愉快或有趣的內容，例如談天氣、吃美食、說運動或旅遊經驗等；也可從童年生活、家鄉景點或特產習俗等趣事說起，**說的人開心娓娓道來，聽的人津津有味讚賞，就能拉近雙方的距離，建立起良好印象。**

但要避開禁忌話題，例如隨便問起對方的職業、薪水、年齡、婚姻狀況等個人隱私事，這是很不禮貌，也是傷感情的事；更要避談宗教、性別、政治等，容易引起爭議的話題。

總之，**要多說開心的好事，少談不愉快的壞事，才能兩相歡喜**，彼此都留下美好的印象，搭起良好友誼的橋樑。

六．勿跟別人借用物品

例如借用相機、皮箱或提袋等用品。曾有人跟我告狀，說相機被人借去拍照，卻在景點被偷走而搞丟了，結果卻因賠償金額談不攏，搞得兩人都憤怒不平。

又有人因參加有遠程外宿的行程，就跟室友借用名牌小皮箱，不料回來歸還時，卻發現表面被刮傷一處，兩人也因認定受傷程度不同，要賠錢多少喬不定，因而傷害了多年的情誼了。其他類似的案例還真不少呢！

還有更重要的事，千萬不要有金錢往來關係，可免產生借錢、還錢時，因幣別、匯率等浮動差異，衍生很多糾紛或不滿情事。

慕凡開講／四十六

船友間的人際關係 中 船上

七.交談是學習好對象

我在船上學到的很多為人處事的妙方，因我每天要寫日記，常在八樓休憩區打電腦。有不少人路過常看到我，曾開玩笑地說：「要找琼姿還不簡單，去八樓一定可看到她。」好像我已經在那裏掛牌了。

有人要來分享快樂事或要訴苦，找我最方便了。我也因此聽了很多故事，學了很多人際相處良方。除了上面所舉的原則外，我再舉出幾件我個人的親身體驗的心得，跟大家分享。

我因舉辦過三場「演講會」所以有不少各國粉絲都認識我，因此有很多人會找我聊天，談談她們的人生故事，或分享他們去景點遊玩的趣聞等。

例如我曾請教過教「瑜珈課」的Y老師，學瑜珈最大的益處，她說：

當你在做瑜珈時，你要專注當下的每一次呼吸、每一個動作，就會忘記身外的煩惱瑣事，感覺身、心都很放鬆和愉悅。

她的體驗就是「活在當下」的快樂，我也跟她分享：

過去已是個回憶 — 追不回，未來只是個夢想 — 還沒到，現在才是可實用 — 能掌握；所以把握此刻時間，才是上天恩賜的禮物。英文的現在「present」字義，也有「禮物」的含意。

八 . 處處是教室

有一個醫學院退休的L教授跟我聊天，談到健康的重要，他舉例說，他有一位同事，本來打算退休後，也要帶太太去環遊世界的，卻不幸在一年前突然發現得了癌症，完全粉碎了他的美夢，真令人感到萬分意外和惋惜。我們也談到「選日不如撞日」的經驗。

由此，我們就聊到「定期健康檢查」的重要，我先後說出**「現在不養生，將來養醫生」**、**「年輕不保健，年老進醫院」**、**「人人保健好，健保不會倒」**他聽了這些寫實的順口溜，竟很認同地哈哈笑起來，交談中我也獲得很多醫藥常識。

我主講演講會，他都有來聽，也很讚賞，原來他還是我的紛絲呢！他離開時，還誇讚說：「我覺得你很健談喔！」我當然謙辭一番啦！

有一位馬來西亞的X小姐，她也是聽過我演講後的粉絲，有一次在船尾甲板的座椅上乘涼，跟我聊天時，說到她的姊妹在她出國前夕，還一直跟她要錢花用，還說：

你都有錢去環遊世界了，怎麼不能多給我一些錢呢？

談話中，她為此事頗感困擾、煩惱；她是單身未婚女性，已從職場退休了。後來我給她建議說：

你就跟你姊妹說：我儲存的是辛苦賺來的錢，我自己要保留一些錢，將來要花費在住養老院的老本耶，…。

她聽了我的話，非常開心地說：

林老師，你說得很對，我回國後，她們再跟我討錢時，我一定要這樣說，她們就再也沒理由向我要錢了。林老師你的話，解

答了我一直揪心的問題，感謝林老師高明指點，這是我這次來旅遊最大的收穫，真是太歡喜了。

九．做生意要有四本

　　L 先生因跟我同姓，所以就叫我「大姊」有一天午後，我們在八樓甲板上，看海景、聊聊天，我們談起這次來旅遊的原因，他就說起落落長的人生故事。

　　例如他說：我這輩子做過的生意，有二、三十種，像開服裝店被倒帳；擺雞肉攤賺的錢被倒會；買股票賺的錢，跟朋友投資設工廠，被騙走好幾千萬等；還好，最後因買股票賺了一筆錢，就守住準備做養老金，再也不敢傻傻的白送給人家了。

　　他又說：以前辛苦賺的錢，都被騙走，都是給別人拿去用；現在看開了，還不如自己拿來花，自已使用才值得，所以就帶太太來環遊世界，我太太一輩子跟著我吃很多苦頭，也應該一起來享受清福的。

　　我跟他分享做生意的四大要訣，就是要：本錢、本行、本事、本人。

　　他聽後苦笑著說：

　　我若早一點認識你，聽你的話，就不會這樣吃苦受難了。

　　我安慰他說：德國人說：

　　事情結局是好的，就是好的事啦！

　　你現在有保住老本，晚年可過清閒好日子，總算是苦盡甘來，安啦！

船友間的人際關係 下 船上

十. 學以致用扮輔導

　　有一位 X 先生，因有一次剛好路過我旁邊，就跟坐在我桌旁的朋友打招呼，我看他手上拿著一本書，一看是「海明威傳」詢問才知道是他已看完，要送回船上的圖書館歸還了。

　　我馬上說：那我跟你一起拿去還，我再接手借來讀。

　　因我們下一站要停靠古巴，且我有參加「拜訪文豪海明威故居」的景點。我讀過那本書後，對大文豪的故事，就更增許多認識了，真是很感謝他！

　　後來有一天，他來我桌旁坐下，我們聊起船上的種種生活，他說：**大家能同搭一條船，是要「十年修得同船渡」的緣份的。**

　　我說：**對啊！所以我們要隨遇而安，發揮包容心和友愛心。**

　　他深表贊同，後來聊到這次旅遊的動機，他突然臉色黯沉下來了。原來他是來療傷的。

　　因太太去年跟他一起去爬山，竟意外摔落山谷而往生了；他因悲傷、痛苦過度，就引發「自律神經失調」症狀，他看了不少醫生，也諮商過心理醫師，最後才覺悟到：

　　不能只靠吃藥，還是要靠自己拼命運動，轉移心境、調適心理，不再去回想過去挽不回的事，情況才漸漸好轉起來了。這次是孩子們建議他，要離家出國遊玩，淡忘傷心往事。

他跟我描述發病的慘痛情況，我都能專心聽他傾訴，並以「先接納他的心情，再解決他的事情」來同理他。

最後我用台語安慰他說：「**先走的有福氣，後走的天有意**」意思是說這件事都是上天的安排。

他聽後臉上立刻浮現很驚喜的神采，並說：

林老師，你說得很對，一定是我還有人間未完成的任務，所以老天爺才要留下我一個人來，我應該好好的活下去才對。

離開前，他又愉悅地說：

林老師！你說的那句話，對我像是「**一語驚醒夢中人**」非常感謝你喔！

那天，我花了一個早上聽他述說故事，我寫日記的電腦關機後，就沒有再打開了。

十一．提早預備身後事

有一位年長的W大哥，他是在遊覽車上，因坐我隔壁才認識的朋友，經過幾次交談後，就比較熟識了。有一天他來我書桌旁聊天，談到老人的種種話題，他竟秀出手機內容給我看，我瞄了一眼，竟嚇了一大跳。**原來他已提早寫好一份遺囑，詳列他的遺產要如何分配給妻子和兒子們，就連他往生後要發佈的「訃文」都替太太擬好草稿了。**

我問他為何要這樣做？他笑著說：

這是遲早會發生的事，提早準備好，我比較安心，也給家人放心嘛！

這位大哥過去曾有一次突然小中風，現在僅一隻腳，行動稍有一點不便而已；但他樂觀地說：

這是因禍得福，讓我及時覺醒保健的重要，從此以後，我就看開了。我不再只顧拼命做生意賺錢，而是把公司的業務，提早交給兒子們去經營，自己開始參團到處旅行遊玩，好好享受晚年生活了。

我也跟他分享人生最後「四道」的重要：

就是臨終前，要及時道愛、道謝、道歉、道別。

他也認同我的話很有道理。

聽了他毫不避諱地，竟會提早安排身後的要事，才可避免日後家人的許多困擾，也是一種最後遺愛家人的做法。因為，就像西藏達賴喇嘛說的話：**「誰都不知道意外會比明天早到呢！」**更何況是出國旅行，發生意外的機率也蠻大的。

他開通明智的所做的安排，也很值得年長的銀髮族參考耶。

十二．點水獲報湧泉恩

有一位 L 先生夫婦，也是我的大恩人，我們認識時，是在剛開始出遊時，有一次在大飯店同桌用午餐，她太太一直咳嗽不停，我就用英語跟服務生說：「請給我一杯開水」我還強調說「拜託是要熱的喔！」服務生很快就送過來，她喝下幾口後，喉嚨舒緩多了，才能繼續吃完那頓飯。

她倆一再跟我道謝，我謙辭說：「這沒什麼啦！不必客氣啦！」

我只是舉口之勞，幫忙說兩句英語而已；不過，卻因此就互相認識了。

千萬沒預料到，後來我因在船上的三場演講會，所拍攝的錄影內容，前後段落順序出了很大的問題；而 L 先生竟是電腦修護

專家，他花費一天一夜時間跑電腦，幫助我重新修整、剪接再組合成整套的隨身碟，他的熱誠回報，眞是感激莫名了。

十三. 感恩的心 感謝有你

　　船友間精采的互動故事還很多，我也從各種互動中獲得很多啓發和收穫，眞是感恩船友們的分享；在交流中拼出的智慧火花，更讓我受益多多呢！更何況專家研究也發現：

　　良好的人際互動關係，是決定你生活是否快樂的主因呢！

　　這一次的環球之旅，途中有緣所遇見的許多人、事、物等，都讓我增加許多學習、成長、見識和歡樂等；我只有付出少少的代價，卻收到大大的回饋，眞是物超所值！

　　各種有形或無形的收穫，都滿滿裝載在我歸途的行囊和心窩裏，充滿甜蜜蜜和喜孜孜的回憶，非常感謝可愛的船友們！

慕凡開講／四十八

旅行把黑白人生變彩色 上 船上

　　外出旅行就像是有計畫的流浪，短暫離開生活常軌，去探索陌生又未知的地域；讓你獲得新鮮、奇妙的樂趣，它是生命的限時縮影，人生快轉的跑馬燈！我一直記得多年前，台灣有一家電視台，首次開播國外旅遊節目，有個超吸睛的廣告說詞：

　　你給我三十分，我給你全世界。

　　我旅行的經驗是：**你給我少少的時間，我給你大大的世界。**

　　旅行的好處多多，我且舉例如下：

一.跳脫生活常軌：

　　我們這輩子有幸來到這個世界，總會好奇地想去看一看，地球到底是圓的，還是扁的？或是瞧一瞧世界其他地方，是長什麼模樣，人們是怎樣過日子吧！

　　旅行讓你跳脫熟悉的生活牢籠，擺脫井底之蛙所限；去拜訪地球其他廣大的區域，讓你大開眼界，認識新世界。那是一件多麼令人開心的事啊！

　　尤其是專職媽媽或主婦，為了寵愛和犒賞自己，更需要去旅行，常聽人家說：

　　要讓主婦休息，唯有讓她離開家裏。

　　旅行正可讓你，無事一身輕，每天不必忙碌煮三餐、打理家務、嘮叨孩子，…。儘管放輕鬆、自由自在，逍遙玩樂去啦！

二. 快轉的人生驛站

　　旅行的景點，就像是另一個生活的停駐點，也是生命中新鮮的驛站；更像是為你開啟了一扇窗，讓你欣賞到不一樣的風景。你旅行越多處，生命的駐紮點就越多，所見所聞就會越廣、越深，生命的內涵就會更多元、更豐富了。

　　旅行者雖是行程匆匆，馬不停蹄，浪跡天涯、海角，**但也有「一日看盡長安花」的樂趣**；因為觀賞的都是篩選後的精華景點，著名的歷史名勝，像老古蹟、舊戰場、名建物、古城市或世界遺產等，都是現在已經回不去的寶物，而你卻能親眼觀賞，真是滿心歡喜！更有最現代科技的建築或景觀等，讓你古今對比，瞠目結舌，嘖嘖稱讚喔！

三. 追夢人生永不老

　　人是有機體的高等動物，身體需要天天新陳代謝的運作，所以必須要透過各種保健活動，來維護身、心的良好機能；何況人體的各器官是有「用進廢退」的機制；就像一部機器越轉動，每個零件就會越滑順、越靈光一樣。

　　旅行就是要你馬不停蹄地動起來，走出去戶外找新鮮樂趣。而腳力就是展現生命力的最大支柱，因為雙腳一走動，全身各器官也都跟著帶動起來了，它更是身體健康的最高指標喔！所以說：

　　適度的外出旅行，是一項保健活動，它讓你腦力靈活、四肢發達、活力滿點、快樂百分百！看起來越年輕、更漂亮，變成了人人稱羨的帥哥、美女喔！

四．軟腳蝦 v.s 勇腳馬

一個人的衰老都是從腳力衰弱開始的。旅行參觀景點是需要多走路的。像我去環遊世界時，有時景點是位在窄巷內的古屋，或在山崗上的老教堂，更是要連續步行一、兩個小時；偶而跟著導遊趕時間，或追景點時，更像軍隊的「急行軍」一般，頗能激發出「狗急跳牆」的潛能呢！所以旅行是訓練腳力很好的方法。更是「一兼兩顧，摸蛤兼洗褲。」的好主意，既賞美景又兼拼健康耶。

一個人若是不想外出活動，或做些短、長程的旅行，就表示他沒有求新、求變的渴望，也就是他已放棄追求美夢的勇氣，**尤其是有些年輕的宅男、宅女一族，曾被戲稱是「奧少年」的軟腳蝦，就是顯現未老先衰的現象了。**

相反的，有些中、老年人，卻是抱持著老當益壯的心態，及時把握好時機，**到處趴趴走，四方去走跳，嘗新鮮、享樂趣；展現勇腳馬，嚇嚇跑的氣勢呢！**

慕凡開講／四十九

旅行把黑白人生變彩色 下　船上

五.旅遊讓夢想起飛

　　年輕的族群們，大家都知道：「休息是爲了走更遠的路」、「休閒是一種生命力的再創造」你在假日裏一定要走向戶外去活動、旅遊；看看青山綠水好風光，聽聽鳥叫蟲鳴好樂章；徜徉在大自然的懷抱中，去舒展筋骨，活動或運動一番身體，享受日光守護的溫暖滋味，遠離禁錮在都市水泥叢林的冷氣房，讓身、心都像野放的鳥兒，享受「海闊憑魚躍，天高任鳥飛。」的自由、歡暢！

　　「聊爲一日樂，慰此百日愁。」旅行就是最好的選項。

　　千萬不要當「繭居族」整天足不出戶，無所事事，或沉迷在虛幻的科技玩物裏，像玩手機、打電動、看電視等靜態娛樂等，那是十分傷神、傷身又殺時間的不良行徑耶！也許你有很多藉口，像沒錢、沒空啦！其實，旅遊行程，一天不算短，三、五天也不算長啦！隨你選擇都行，有首打油詩說得蠻實在的：

　　年輕不養生，年老養醫生；年輕不保健，年老進醫院。

　　要活就要動，活動是保健；健康是本金，快樂是利息。

　　人生健康像銀行存摺裏，你要先存入本金，才有源源利息可領取喔！

　　年長的銀髮族伙伴，你奮鬥了大半輩，在功成身退後的樂齡階段，你有錢、有閒，更該把握有體力時，多多參加旅遊活動，

看看或玩一玩這個美麗世界，犒賞自己這輩子的辛勞，這趟人生，活得才有價值，才算不虛度此生啊！網路有一首打油詩，提供你參考：

日落西山人未老，抓緊時間到處跑，

可別等到腿不好，讓人扶著走不了；

外面世界真美好，健康快樂少煩惱，

夕陽不會無限好，快樂一秒是一秒。

旅遊，除了遊山玩水，讓你賞心悅目，增加生活情趣外；更能磨練腳力和體能，讓你越玩越勇健喔！讓生活變得多采多姿喔！你雖是七老八十幾歲了，卻活得像一條活龍，走跳五湖四海，變成可愛的青春老少年耶！

六．旅遊兼交友

旅遊更有多重的益處，例如認識新朋友，往往日後就變成好友或旅伴了。新朋友就會開啟新話題，在交談互動中，讓情感交融、加溫；彼此說說笑笑中，搭起人際良好橋樑，讓生活添加很多樂趣。

更何況專家研究說：「學習新事物或認識新人物，就能刺激大腦神經細胞的連結或增生，正可預防罹患失智症的風險。」良好的人際互動關係，更是決定生活是否快樂的主因呢！

旅行另有一項令人喜愛的口福，就是有機會品嘗他鄉特產、異國美食、風味小吃、新奇飲品等，會讓你津津樂道，回味無窮，也是生活一大享樂耶！

所以說，旅行是一舉數得的活動，好處多得說不完，請你親身快來玩，保證讓你天天開心，樂而忘返！

七 . 創造驚喜　爲人生加分

　　這世界上的名利、財富都是過眼雲煙，只有擁抱健康和快樂，才是最大的珍寶！旅行正可讓你兩者兼得；幸福的花朵永遠開放在健康的枝頭！

　　總而言之，適度旅行滿足了你的好奇心和求知慾，又讓你天天開心又保健，眞是百利而無一害，何樂而不爲呢！

不過，知道只是智力，做到才是能力！心動就馬上行動吧！

　　希望你，快快去安排第一次旅遊，從此開創人生新視界，相信你會驚喜連連，歡樂無極限！

　　旅行能讓你隨時創造驚喜，爲自己的生命加料又加分；

　　旅行能讓你充電更新活力，使你的黑白人生變彩色喔！

慕凡開講／五十

感謝 希望 祝福　台灣

【請參看照片第 305-310 張】

　　這一趟環遊世界之行，像是一場美麗的夢幻旅程；更像是飽嚐一頓豐盛的生命饗宴；如今盛宴雖已散場，但那分酒酣耳熱的感覺，依然時常縈繞在心頭。由於我抱持著「分享的喜悅勝過獨自的擁有」的熱情，所以回國後，屢經深思熟慮，才決定要把我旅程中的見聞、心得、感想、改變或對國人的建議等摘錄下來，很值得跟大家分享。

　　在這段旅遊期間，船友們互助合作、共學同樂，發揮相親相愛的精神。真令我深深地感動又感恩。

　　我很欣賞這首現代詩：

幸福　　席慕蓉

一直以為幸福在遠方，在可以追逐的未來。…。

後來才發現，那些握過的手，唱過的歌，

流過的淚，愛過的人，…。

所謂的曾經，就是幸福。

　　各位好友：現在回想起來，在大家歡聚的108天裏，我們真是很幸福啊！

親愛的船友：

我感謝你！很想念你！更愛你喔！

希望今後：外出旅遊時，能夠在你我一起玩過的天涯或海
　　　　　角，很幸運地跟各位再度喜相逢！

祝福各位：平安喜樂！萬事如意！

　　我想借用一首名歌，它的原意雖是表達男女之情，但也頗能
傳達我們彼此深厚的友誼，現在就唱給你聽，歌詞如下：

不是萍水不相逢　　　　詞 曲：陳偉

紅塵來去一場夢　偏偏你我在其中

花開花落　情深義重　風起雲湧人散曲終

此去天涯各西東　情似朝露太匆匆　夕陽西下　淚眼朦朧

只怪承諾言不由衷

我說花非花　夢非夢　不是萍水不相逢

無奈千般愛　萬般寵　也只能輕輕地把手放空

你說塵歸塵　風歸風　不是萍水不相逢

嘗盡千種苦萬種痛　也只能默默地說聲保重

只能默默地說聲保重

親愛的同舟共濟的船友們！謹獻上我深深的
感謝、希望和祝福！

應邀演講 慕凡老師

主要講題：

一. 怎樣養育品學兼優的孩子

二. 怎樣幫助孩子功課更進步

三. 怎樣幫助考生衝刺上金榜

四. 新好父母換你做做看

五. 溝通和情緒管理的絕招

六. 講笑話 學幽默 當笑長

七. 男女交往或結婚大哉問

八. 如何開創美好樂齡生活

九. 勇敢追夢─環遊世界 驚艷分享

十. 亦可應需求指定講題

邀請方式：E-mail：lin342003@yahoo.com.tw
　　　　　或106926 台北市郵政信箱 26－76號

行萬里路 勝讀萬卷書

環遊世界 超讚！

著 作 人 / 林 琼(瓊) 姿　　筆 名 / 慕 凡

郵 政 劃 撥 / 帳號：14018094 戶名：林琼姿

電 子 郵 件 / lin342003@yahoo.com.tw

聯 絡 處 / 106926 台北郵政信箱26－76號

封 面 設 計 / 賴 思 安

圖文校稿・電腦排版 / 慕 凡

出 版 者 / 龍岡數位文化股份有限公司
地址：新北市中和區建六路67巷 2 號
電話：(02) 2223-8817

印 刷 者 / 龍岡彩色印刷股份有限公司

經 銷 者 / 龍岡數位文化股份有限公司

初 版 / 中華民國110年(2021年)9月 初版一刷

國 際 書 碼 / ISBN：978-957-794-219-7

定價：新台幣NT$ 430元　美金US$ 16元

國家圖書館出版品預行編目資料

行萬里路勝讀萬卷書：環遊世界超讚! / 慕凡(林
　琼(瓊)姿)著. -- 初版. -- 新北市：龍岡數位
　文化股份有限公司, 民110.09
　　面；　　公分
　　ISBN 978-957-794-219-7(平裝)

　　1.遊記 2.世界地理

719　　　　　　　　　　　　　　110013302